行政执法办案实务

要件、流程与文书

夏云峰 / 著

中国法制出版社
CHINA LEGAL PUBLISHING HOUSE

	执法科学知识（科学理性）：执法本体论。关于执法性质、原则、要素、关系、形式等是与应是、有与应有的理论知识。
行政执法知识体系	执法技术知识（技术理性）：执法方法论。关于实现执法是其所是，有其所有的解释、要件方法的理论知识，以及技术化执法，制定执法技术规范的理论、能力知识。执法技术规范包括但不限于执法事项、要件、流程、文书、案卷技术规范。
	执法实务知识（实践理性）：执法实践论。依照执法科学、技术，实现执法之是、之有的实际操作知识（含伦理），包括但不限于执法事项、要件、流程、文书、案卷的实际实现活动知识；推进执法是其应是，有其应有的制度活动实践知识。

合格的执法者，首先是一名"技术员"。

理性对待公共生活，是现代化的基本特征之一。

作者的话

　　大约二十年前，我在基层研究一个部门送来的执法案件时，想找到一本说明执法办案应该有哪些要件的书，但没有找到，翻阅行政法理论书籍，也无相关体系性阐述。当时，作为一个基层执法实务工作者，我觉得没有执法办案要件知识体系，对于执法实务是一个重大缺失。从那时起，我开始专注执法办案要件思考研究，想写一本这方面的书。研究中发现，要想有条理地确定实务角度的执法办案要件，并不是那么简单，不能照搬照抄刑法学、民法学上的要件体系，必须从执法办案活动自身的特点出发，以执法现象的大量掌握，执法科学理论、技术理论的适度抽象作为前提。为奠定这三个前提基础，我写了前面三本执法专著，作为成果和目的实现之一，写了本书。同时，这四本书，也是我所构建的以执法要件为主线的行政执法知识体系的表述。

　　我的研究受到马克思实践哲学和康德哲学"哥白尼式的革命"、理性批判等影响。不遵循实践哲学，执法知识就会不切实际，不完成执法研究领域"哥白尼式的革命"，即从法律或者其他角度看执法，转换为以执法自身看执法，并以理性为基础，就不可能真正形成行政执法知识体系。

　　这本书是我所构建的行政执法知识体系科学、技术、实务中实务的一部分，也可以看作对第一本书《行政执法重点实务业务工作》部分内容的再版修订，新增并围绕执法办案要件，作了全文重写，体例调整，并大幅缩减篇幅。促成这本书的原因是随着全面依法治国的深入，执法更加重要，执法制度更加健全，行政处罚法的修订，第一版的不完善，出版社的建议和我对行政执法的更多思考，以及完善我所建构的执法知识体系等。

全书分为两大部分，第一部分第一节到第四节的行政执法工作、体制、领导、要求，是行政执法概述，是执法人员在进入执法办案前，必须掌握的、最基本的行政执法实务业务知识。第二部分是第五节到第七节，写的是行政执法办案要件、流程、文书。执法就是办案，办案就是执法，行政执法办案是执法工作的"本"。这部分分析新行政处罚法、行政强制法、行政许可法规定的，执法决定、案件的法律要件，这些要件都是行政执法学意义上的、更细致的要件。执法要件作为最重要的执法办案实务，其实务意义之一是，确定着一个执法决定、执法案件里面到底应该"有什么"；在执法办案过程中，执法人员必须考虑的"是什么"；作为专业的执法人员，应该如何通过执法要件，准确、全面地理解、落实所执行的法律等执法依据。围绕执法办案要件，重写第一版的执法办案流程和文书，流程是要件的排列，文书是要件的表述，不从这一高度理解流程、文书，就不可能真正理解、落实执法流程，就不可能真正理解、用好执法文书。要件、流程、文书，是执法办案事项、要件、流程、文书、案卷五大实务中最紧要的三部分。从突出本书主要内容的角度，确定了本书书名。

下面我想结合本书内容，以及我以前的执法专著，重点谈谈行政执法知识体系的问题。

执法工作知识性很强，不是"万金油"能应付的。执法知识绝大部分难以靠经验习得，学习积累专业的执法知识，对执法人员做好执法工作极其重要。

行政执法知识以使用范围为准，可以划分为两类：通用执法知识和专门执法知识。通用执法知识是各执法系统，或者大部分执法系统都要使用的知识。专门执法知识是特定执法系统使用的知识。通过执法要件这一角度转换，专门执法知识可以融入通用执法知识之中，这个时候的通用执法知识，在整体上就具有了行政执法知识体系的意义。以知识内容的不同理性层面为准，行政执法知识可以分为执法科学知识、执法技术知识、执法实务知识。本书内容属通用执法实务知识。

执法知识，包括理论知识，不是神圣的知识、自由的知识，而是实际使用的、改造社会的知识，对它的构建，应切中执法实际，坚持实践原则。

执法工作的实际，是法律的实施（法律性）、行政的执行（行政性）、社会的控制（社会性）三种活动的综合，它既不是立法、司法、守法的实际活动，也不是制定行政决策、社会规范的实际活动。同时，执法还是一种具体的活动（具体性）。这就决定，执法知识是综合具体的法律实施、行政执行、社会控制的知识。执法知识中的执法科学知识，抽象执法活动，探求执法活动的本体问题，运用演绎逻辑对执法活动予以解释，其以知识的体系性、逻辑性，追求知识的普遍性、必然性，并以从规范到事实的研究进路保证实现。执法技术知识，上依执法科学，下接执法实践，着力探求执法活动的方法问题，着眼于执法解释、要件、技术，将执法科学认识的执法本质规律，化为执法实践技术（规范），保证执法活动在理性的轨道上，高质量高效率地实现其自身。执法实务知识，是对执法科学、执法技术还原的知识，是将执法科学、执法技术对执法活动的现象实际的抽象，还原于执法活动现象实际，其与没有执法科学、执法技术依托的，执法人员自有的执法实务知识相比，极大地增强了理性、系统性、体系，能更好地促进执法活动实现其自身。执法科学、执法技术、执法实务知识，都必须围绕行政执法法律实施、行政执行、社会控制这个综合、具体活动实际构建。

对于现实的执法人员的实际，在总体上有两个基本判断，一个是，根据有关数据，个别执法人员无系统的法学教育背景，也没有受到过系统的、有效的、连续的、长期的、专业的、真正执法角度的培训。即便有法学教育背景，相关的行政法学教材、执法教材，也少有构成或者形成行政执法的系统知识。另一个是，很多一线执法人员在执法活动中尚在感性执法阶段，凭主观、经验、习惯，有的甚至凭情绪去执法，并未对执法办案进行足够的反思，并未完全理性化、体系化的执法办案，少有执法专业化、职业化观念，即使有，落实为行动也需时间。这两个判断，是基于长期的、广泛的、综合的、整体和具体上的执法实践和思考作出的判断，这种判断，不在书本、课堂、想象，也不在对几个案件的办理、分析、归纳，不在进入复议诉讼那点与执法办案总量相比极少量的执法案件，不在哪个执法人员的个人实际，更不在哪个理论研究人员的个人实际。基于行政体制，以及行政的多样性和专业性、综合性和群众性等，我认为，执法人员这两种实际将长期存在。执法知识是这种实际的执法人员使用的知识。

构造执法知识，以解决执法问题，整体提升执法质量，能否离开上述的两种一般的、整体的执法实际呢？答案是不能的。构造执法知识必须扎根实际，坚持实践原则。实践原则要求执法知识必须源于执法实际，反映执法实际，运用于执法实际，能够还原于执法实际，通过执法知识与执法实际的相互促进，逐步提升执法人员执法素养，逐步推进执法活动"是其所是""是其应是""有其所有""有其应有"，实现执法问题解决，执法活动质量（效能）提高。

执法实际和实践原则，决定执法知识的构造。执法知识的构建，一般是对实际存在的执法活动进行一重抽象演绎，有时在此基础上进行两重或者三重抽象演绎，不宜作过多多重抽象演绎和纯粹思辨，更不能脱离执法实际单纯地去解读立法、法律，否则这种知识难以被感性的执法人员在执法工作中还原应用，运用于群众也难以被理解。比如，执法知识中的科学理论知识，不仅其自身需要完成体系化认识执法活动的任务，还必须是现实的、感性的执法人员及有关人员能理解的知识，是能够为感性执法人员在执法工作中，解释执法活动提供话语体系的知识。执法知识一定是执法人员不用花太大功夫就能懂，在工作中就能用、就会用的实际知识，是有利于实现执法知识目的的、有效的、易普及的知识。

构造执法知识遵循实践原则，紧密联系实际，基于执法实际，总结执法经验，综合理论成果，构建执法知识体系一般和现实的路径是，在科学知识上，从执法实际活动抽象出执法性质，以执法性质为基础，结合执法要求，确定执法原则，特别是要以执法性质、原则为出发点，并由执法性质、原则保证体系性，从现实的执法活动中，重点构造出一整套以决定为中心的执法构成要件要素系统（此时的要件要素是一个具有实质内容的框架，通用知识与专门知识在此交融）。在技术知识上，按照执法科学要求，分析、梳理、归纳、固定每一执法事项（决定）、要件、流程、文书、案卷等，特别是要清晰的分析、梳理、归纳、固定每一执法事项（决定）的法律要件、行政要件、物质要件，形成执法技术规范。围绕要件，形成一套解释执法活动的规则、方法和技术规范。要件贯穿于科学、技术、实务知识的始终。在实践上，以执法科学为指导，依照执法技术规范，将执法各项要求落实于执法办案活动之中，完成执法"是其所是""是其应是""有其所有""有其应有"的自我实现。实现这一过程，即实现了提升执法人员执法素养，推进了执法感性向执法理性的改造，促进了执法活动质的提升。

构成要件是执法办案的"四梁八柱"，是执法办案的"质料"和"形式"，构成要件的知识对执法实际非常重要，对实现精准精细执法，对实现有力度有温度的执法，对推进执法革命化、正规化、专业化、职业化，整体提高执法质量都具有基础意义。执法办案追求的是如何做才是对的，一个案件里到底应该有哪些要件才够才对，是正向的、形成的、易用的、全面的、肯定的观点，而不是什么样的执法办案是错的，不是逆向的、事后的、抽象的、部分的、否定的观点。后一种观点有意义（对执法监督），但对执法办案意义不大，因为执法办案是事前、事中形成的过程，而不是事后判断的过程（此属执法监督），形成执法的过程，少一个要件，或者错一个要件，这个执法办案都是错的。关于这个问题，我在上一本书中曾经详细谈过。

构建以构成要件为主线的执法知识体系，是一项具有重要理论和现实意义的公共事业，是执法专业化、职业化的前提和基础之一。我们现在所有出现的执法问题，乃至于行政问题，大都可以归结为专业精神、专业知识不足，专业精神也靠专业知识养成。完善执法知识体系，还有很多的研究工作要做，个人的精力有限，非常希望有更多的同志加入这项事业。

本书的写作，得到了司法部行政执法协调监督局原局长赵振华、方军巡视员，陕西省司法厅原副厅长董劲威，副厅长姚会芳的指导，得到了监督局李秀群、彭飞、袁雪石、宫建、赵楠、杜冬战同志，原国务院法制办公室谢莉同志，陕西省司法厅梁云波同志的帮助。之前三本书《行政执法重点实务业务工作》《普通行政执法学》《行政执法解释理论与实务技术操作：行政执法决定的方法》的出版发行，得到了很多法治机构法治人员、执法单位执法人员的支持。本书和前三本书的出版发行，得到了中国法制出版社和责编谢雯、黄会丽的支持。一并表示诚挚的谢意！本书必有错误疏漏之处，敬请批评指正。

本书力争简明扼要，希望能对执法人员、法治人员和执法监督人员的执法工作有所帮助。

夏云峰

2022 年 5 月

总 目 录

上篇　行政执法实务业务基础知识 …………………………… 1

第一节　行政执法工作 ……………………………………… 3
　　第一题　作为职业的执法工作 ………………………… 4
　　第二题　作为行为活动的执法工作 …………………… 5
　　第三题　非典型执法措施 ……………………………… 6
　　第四题　执法措施、制度与法和执法办案之间的关系 …… 7
　　第五题　执法工作面临的形势 ………………………… 10
　　第六题　应对执法形势，需要转换的两个执法观念 …… 11

第二节　行政执法体制 ……………………………………… 15
　　第一题　行政执法体制存在的问题 …………………… 15
　　第二题　行政执法体制结构 …………………………… 17
　　第三题　行政执法体制改革 …………………………… 20

第三节　行政执法领导 ……………………………………… 27
　　第一题　党对执法工作的领导 ………………………… 27
　　第二题　政府对执法工作的领导 ……………………… 29
　　第三题　行政执法指导 ………………………………… 30
　　第四题　行政执法监督 ………………………………… 32

第四节　行政执法要求 ……………………………………… 43
　　第一题　社会层面高质量执法——人民满意的执法 …… 43

第二题　行政层面高质量执法——严格规范公正文
　　　　　　明的执法 ………………………………………… 45
　　第三题　法律层面高质量执法——依法依理的执法 …… 47

下篇　行政执法办案要件、流程、文书 ………………………… 57
　第五节　行政处罚要件、流程、文书 ………………………… 59
　　第一题　行政处罚要件 ……………………………… 60
　　第二题　行政处罚流程 ……………………………… 89
　　第三题　行政处罚文书 ……………………………… 99
　第六节　行政强制要件、流程、文书 ………………………… 141
　　第一题　行政强制要件 ……………………………… 141
　　第二题　行政强制流程 ……………………………… 175
　　第三题　行政强制文书 ……………………………… 178
　第七节　行政许可要件、流程、文书 ………………………… 194
　　第一题　行政许可要件 ……………………………… 194
　　第二题　行政许可流程 ……………………………… 224
　　第三题　行政许可文书 ……………………………… 228

目 录

上篇　行政执法实务业务基础知识

第一节　行政执法工作 …………………………………… 3
　第一题　作为职业的执法工作 ………………………… 4
　第二题　作为行为活动的执法工作 …………………… 5
　第三题　非典型执法措施 ……………………………… 6
　第四题　执法措施、制度与法和执法办案之间的关系 …… 7
　　一、转换法之角度 …………………………………… 7
　　二、弥补法之不足 …………………………………… 8
　　三、推动法之实施 …………………………………… 9
　第五题　执法工作面临的形势 ………………………… 10
　　一、规定更多 ………………………………………… 11
　　二、追责更严 ………………………………………… 11
　第六题　应对执法形势，需要转换的两个执法观念 …… 11
　　一、变法律适用为法律执行，形成从规范到事实的观念 ………………………………………………… 12
　　二、变以行为程序认识法律，为以事项要件认识法律，形成要件要素观念 ……………………………… 13

第二节　行政执法体制 ·············· 15
第一题　行政执法体制存在的问题 ········ 15
第二题　行政执法体制结构 ············ 17
第三题　行政执法体制改革 ············ 20
一、机构改革 ························ 20
二、相对集中执法权与综合执法改革 ······ 21
三、执法重心下移改革 ················ 24

第三节　行政执法领导 ·············· 27
第一题　党对执法工作的领导 ·········· 27
第二题　政府对执法工作的领导 ········ 29
第三题　行政执法指导 ················ 30
一、"块块指导" ······················ 30
二、"条条指导" ······················ 31
第四题　行政执法监督 ················ 32
一、公民监督 ························ 32
二、人大监督 ························ 33
三、政府监督 ························ 34
四、监察监督 ························ 37
五、法院监督 ························ 39
六、检察监督 ························ 40
七、审计监督 ························ 41
八、上级执法组织对下级执法组织的监督 ······ 41
九、执法组织对受其委托的执法组织的监督 ······ 42

第四节　行政执法要求 …… 43
  第一题　社会层面高质量执法——人民满意的执法 …… 43
  第二题　行政层面高质量执法——严格规范公正文明
　　　　的执法 …… 45
  第三题　法律层面高质量执法——依法依理的执法 …… 47
　　一、以社会需要定职能 …… 48
　　二、以政府职能定组织 …… 48
　　三、以组织职能定依据 …… 50
　　四、以执法依据定事项 …… 51
　　五、以执法事项定要件 …… 52
　　六、以执法要件定案件 …… 54

下篇　行政执法办案要件、流程、文书

第五节　行政处罚要件、流程、文书 …… 59
  第一题　行政处罚要件 …… 60
　　一、实行简易程序的当场给予行政处罚要件（可以）… 61
　　二、实行普通程序的给予行政处罚要件（应当）…… 66
　　三、相对人角度给予行政处罚要件 …… 74
　　四、应当从轻或者减轻行政处罚构成要件 …… 77
　　五、可以从轻或者减轻行政处罚构成要件 …… 78
　　六、行政处罚予以立案构成要件（应当）…… 78
　　七、予以行政处罚听证构成要件（应当）…… 79
　　八、行政处罚决定书送达构成要件（应当）…… 81

九、实行简易程序的当场罚款予以当场依职权收缴构成要件（可以） ················· 83

十、实行普通程序的罚款依申请予以当场收缴构成要件（可以） ················· 84

十一、行政处罚法规定的予以行政检查构成要件（可以） ················· 85

十二、行政处罚法规定的对当事人予以行政命令构成要件（应当） ················· 87

十三、行政处罚法规定的对监护人予以行政命令构成要件（应当） ················· 88

第二题　行政处罚流程 ················· 89

一、实行普通程序的行政处罚流程示例 ················· 89

二、调查询问流程示例 ················· 93

三、调查抽样取证流程示例 ················· 94

四、调查证据先行登记保存流程示例 ················· 95

五、行政处罚听证流程示例 ················· 96

六、行政处罚法规定的行政检查流程示例 ················· 97

第三题　行政处罚文书 ················· 99

一、违法案件来源登记处理表格式文书式样示例 ······ 101

二、行政处罚事项内部审批表格式文书式样示例 ······ 102

三、询问笔录格式文书式样示例 ················· 105

四、行政检查、抽样取证、证据先行登记保存等现场、勘验笔录格式文书式样示例 ················· 107

五、行政处罚案件听证笔录格式文书式样示例 ········· 111

六、视听资料说明格式文书式样示例 ·················· 119

七、给予行政处罚告知书（含听证告知）格式文书
式样示例 ·· 120

八、行政处罚、行政检查事项通知书格式文书式样
示例 ··· 123

九、当场行政处罚决定书格式文书式样示例 ············ 125

十、实行普通程序的行政处罚决定书格式文书式样
示例 ··· 129

十一、责令（限期）改正决定书格式文书式样示例 ··· 133

十二、行政处罚文书当事人送达地址确认书格式文
书式样示例 ·· 135

十三、行政处罚文书送达回证格式文书式样示例 ······ 139

第六节 行政强制要件、流程、文书 ·················· 141

第一题 行政强制要件 ··· 141

一、予以行政强制措施要件（可以） ······················ 141

二、相对人角度予以行政强制措施要件 ·················· 146

三、予以当场行政强制措施构成要件（可以） ······· 148

四、予以限制公民人身自由强制措施构成要件
（可以） ·· 149

五、予以查封、扣押要件（可以） ························· 150

六、予以延长查封、扣押构成要件（可以） ··········· 151

七、予以解除查封、扣押构成要件（应当） ··········· 152

八、予以冻结要件（可以） ····································· 153

九、予以延长冻结构成要件（可以） ······················ 154

十、予以解除冻结构成要件（应当） ……………… 155
十一、行政执法组织予以行政强制执行要件（可以）… 156
十二、相对人角度行政执法组织予以行政强制执行构成要件 ……………………………………… 160
十三、行政执法组织予以立即强制执行构成要件（可以） ……………………………………… 162
十四、行政执法组织予以中止执行构成要件（应当）… 162
十五、行政执法组织予以不再执行构成要件（应当）… 163
十六、行政执法组织予以终结执行构成要件（应当）… 163
十七、予以签订执行协议构成要件（可以） ………… 164
十八、行政执法组织对违法的建筑物、构筑物、设施等予以强制拆除构成要件（可以） ……… 165
十九、行政执法组织予以加处罚款或者滞纳金构成要件（可以） ……………………………… 166
二十、行政执法组织予以拍卖查封、扣押的财物抵缴罚款构成要件（可以） ………………… 168
二十一、行政执法组织予以划拨存款、汇款构成要件（可以） ……………………………… 170
二十二、行政执法组织予以代履行要件（可以） …… 171
二十三、行政执法组织予以立即代履行构成要件（可以，具有应当意义） ………………… 172
二十四、予以申请人民法院强制执行构成要件（可以，具有应当意义） ………………… 173

二十五、予以申请人民法院立即强制执行构成要件
（可以，具有应当意义） …………………………… 174
第二题　行政强制流程 ………………………………… 175
　一、查封、扣押流程示例 ……………………………… 175
　二、代履行流程示例 …………………………………… 176
第三题　行政强制文书 ………………………………… 178
　一、行政强制事项内部审批表格式文书式样示例 …… 178
　二、查封、扣押现场笔录格式文书式样示例 ………… 179
　三、查封、扣押决定书格式文书式样示例 …………… 181
　四、查封、扣押清单格式文书式样示例 ……………… 182
　五、延长查封、扣押决定书格式文书式样示例 ……… 183
　六、解除查封、扣押决定书格式文书式样示例 ……… 184
　七、履行行政执法决定催告书格式文书式样示例 …… 185
　八、加处罚款、加收滞纳金决定书格式文书式样
　　　示例 ………………………………………………… 187
　九、拍卖查封、扣押财物抵缴罚款决定书格式文书
　　　式样示例 …………………………………………… 189
　十、代履行决定书格式文书式样示例 ………………… 191
　十一、强制执行申请书格式文书式样示例 …………… 192
第七节　行政许可要件、流程、文书 ………………… 194
　第一题　行政许可要件 ………………………………… 194
　　一、准予行政许可要件（应当） …………………… 194
　　二、相对人角度准予行政许可要件 ………………… 208
　　三、依职权予以行政许可听证构成要件（应当） … 212

四、依申请予以行政许可听证构成要件（应当）…… 214
五、准予变更行政许可构成要件（应当）…… 215
六、依职权变更或者撤回行政许可构成要件（可以）… 216
七、准予延续行政许可有效期构成要件（应当）…… 216
八、撤销行政许可要件（可以；应当）…… 217
九、注销行政许可构成要件（应当）…… 218
十、行政许可法规定的行政检查（监督检查）构成要件（应当）…… 219
十一、行政许可法规定的责令（限期）改正行政命令构成要件（应当）…… 220
十二、行政许可法规定的警告行政处罚构成要件（应当）…… 222

第二题 行政许可流程 …… 224
　一、行政许可流程示例 …… 224
　二、行政许可听证流程示例 …… 226

第三题 行政许可文书 …… 228
　一、行政许可事项内部审批表格式文书式样示例 …… 228
　二、行政许可案件听证笔录格式文书式样示例 …… 229
　三、行政许可申请不受理告知书格式文书式样示例 … 235
　四、行政许可申请受理通知书格式文书式样示例 …… 236
　五、行政许可申请不予受理通知书格式文书式样示例 …… 237
　六、行政许可申请材料补正告知书格式文书式样示例 …… 238

七、延长行政许可决定期限通知书格式文书式样
　　示例 ………………………………………… 239
八、行政许可重大利益听证告知书格式文书式样
　　示例（对利害关系人）……………………… 240
九、行政许可陈述申辩听证告知书格式文书式样
　　示例（对申请人）…………………………… 241
十、准予行政许可决定书格式文书式样示例 ………… 242
十一、不予行政许可决定书格式文书式样示例 ……… 243
十二、准予、不予延续行政许可有效期决定书格
　　　式文书式样示例 …………………………… 245
十三、撤销行政许可决定书格式文书式样示例 ……… 246
十四、依职权变更、撤回行政许可决定书格式文
　　　书式样示例 ………………………………… 247

· 上 篇 ·
行政执法实务业务基础知识

第一节 行政执法工作

行政执法作为法治建设立法、执法、司法、守法四要素之一，其重要性不言而喻。在实践中，基于执法的重要性、执法目的、执法本身，围绕执法办案、执法制度两大实务，形成了若干相对固定的基础认识，这些认识是开展执法办案的前提。本书用四节篇幅，把关于执法实践的基础认识，归结为执法工作、执法体制、执法领导、执法要求四个方面，分节加以探讨。需要注意的是，这些基础认识的内容，从实践角度看，既是我们对"正在做的事"的认识，也是"正在做的事"，也就是说，他们不仅仅是认识的内容，不是只停留在思维层面，也是实际工作的一部分。

行政执法工作，是经常使用的语词和概念。工作，即做事、劳作、作业，也指职业。生活中使用工作一词，无论是作为名词所指代的职业，还是作为动词所指代的做事，多指有相对固定时间地点，明确程式目标要求，稳定身份收入的所谓"正式"工作，尤指"体制内"工作，执法工作就是"正式"的、"体制内"的工作。

作为一种职业，执法工作区别于立法、司法和普法。从事执法工作的人，在法律和文件中，一般被称为执法人员，属于法治人员中的一部分。作为一种活动，执法工作可以指代全部执法活动，包括从事执法活动的人。在执法领域，在行政用语上，行政执法工作一词，具有最高概括性。执法工作分为研究和实践两部分，研究部分可分为理论研究和实务研究，各有侧重。实践部分我们通常称为实务业务，包括执法办案和执法制度，他们是理论研究和实务研究的对象。

本书是对实务业务的研究，侧重执法办案的实操方面。实务业务实操属于现象范畴，仅懂得实操这种执法现象，不懂得其中的本质和性质，是难以完全掌握执法工作的。现象通常是片面的、零碎的，难言系统性、全面性。要系统的、全面的理解掌握执法工作，掌握执法本质和性质问题，以及执法原则、执法要件、关系、形式等及其根据诸多相对深层次问题，需要进行理论学习研究，这方面，可以参阅以执法科学为主要内容的《普通行政执法学》，以执法技术为主要内容的《行政执法解释理论与实务技术操作：行政执法决定的方法》两本书。

第一题　作为职业的执法工作

一种职业，区别于其他职业，在于这种职业的特征。对这种特征的认识与辨别，不仅在于这种职业实际活动是什么，更在于这种职业活动应当是什么，即职业要求，以及现实职业活动，趋向职业要求的内在自律，外在他律。职业要求，可以分为对职业人员的要求、对职业活动的要求。

在我国，对执法职业人员的要求规定比较集中。2020年11月中央全面依法治国工作会议明确，要坚持建设德才兼备的高素质法治工作队伍，加强理想信念教育，深入开展社会主义核心价值观和社会主义法治理念教育，推进法治专门队伍革命化、正规化、专业化、职业化，确保做到忠于党、忠于国家、忠于人民、忠于法律。执法队伍中的领导者，既属于执法队伍中的一员，也属于领导干部这个"关键少数"，除要达到一般执法人员的要求外，还要坚决贯彻落实党中央关于全面依法治国重大决策部署，带头尊崇法治、敬畏法律、了解法律、掌握法律，不断提高运用法治思维和法治方式深化改革、推动发展、化解矛盾、维护稳定、应对风险的能力，做尊法学法守法用法的模范。要力戒形式主义、官僚主义，确保全面依法治国各项任务真正落到实处。《法治政府建设实施纲要（2021—2025年）》明确提出，加强行政执法队伍专业化职业化建设。

第二题 作为行为活动的执法工作

作为行为活动的执法工作，是执法职业活动，是本书讨论的重点。党中央、国务院对执法工作的要求十分具体，如果归结为一句话，那就是严格规范公正文明执法。显然，这种要求主要是针对执法办案的。执法办案是执法组织以案件办理形式，将行政法规范、少部分民法规范，落实到社会中的具体活动。执法办案是执法工作中，最核心的部分，称为执法工作的"本"。

执法办案，显然以法律为标准内容，但是，仅仅在执法办案中落实法律要求是不够的。行政法规范是法律的一种，遵循立法技术，不可能对执法办案的规定面面俱到。行政法规范一经制定，就落后现实需要。行政法规范有弹性。法律是规则，其执行靠人推动，靠掌握政权的组织保证其落实。执法办案是人的活动，在有些时候，个别人不一定依法执法。执法办案需要协调、协助，需要配置、调动各种资源等。基于这些原因，党中央、国务院（或执法组织）就需要对执法办案提出较法律要求更高的、更具体、更有操作性的要求，可以分为对人的要求（如上题所述），对行为活动的要求，这种要求要得到落实，必须转化为有关于执法的行政措施，即执法措施，这种措施一旦体系化，特别是以文件的形式作出规定，就成为执法制度。这些执法措施、制度如法律一样，都要在执法办案中落实。同时，执法措施、制度又具有相对独立性，能够自成体系，无论其制定，还是其落实，都属于"正在做的事"，是执法实务业务。

执法制度是执法措施的典型代表，为突出执法制度的重要性，我们以执法制度指代执法措施。因此，执法实务业务工作就可以分为两大部分，即执法办案和执法制度。

第三题　非典型执法措施

上题说，执法制度是执法措施的典型代表。这说明，在执法制度之外，还有些非典型的执法措施，并没有体系化为制度，或者并未体系化为冠以执法之名的制度，这在工作中是容易被忽视的。执法措施可能存在于各类"当下"行政重点工作文件之中，也可能仅是几条口号式规定，"×严禁""×必须"之类，要注意识别。比如,《国务院办公厅关于全面推行证明事项和涉企经营许可事项告知承诺制的指导意见》(国办发〔2020〕42号),全文从持续开展"减证便民"行动,深化"证照分离"角度,安排了大量措施,"执法"一词仅出现一次,但从执法工作角度分析全文,会发现大部分措施,都属于执法措施。这些措施,不仅适用于作为执法的许可,还适用于其他符合规定的、依申请的执法,如行政确认、行政给付等。这些措施从执法角度来看,是转移、免除了相对人证明责任,增加了执法组织对执法决定的证明责任。类似情况还有很多。如果在执法过程中,不注意这类措施,极易造成违规。为防止这类问题的出现,关键是要养成执法思维,从执法的、职业的、专业专门的角度,看待有关行政文件、行政规定。

此外,未制度化的、与执法有关的体制、机制等,都属执法措施。

非典型执法措施、执法制度都解决执法问题,执法制度则侧重于从一定程度的整体上、根本上解决问题。

第四题 执法措施、制度与法和执法办案之间的关系

执法措施、执法制度通过与法发生关系,来发挥其对执法办案的功用,是法与执法之间的桥梁。其功用有三个方面,分别是,转换法之角度,弥补法之不足,推动法之实施。

一、转换法之角度

执法措施、制度对执法办案的最大功用,便是将"立法之

法",转换为"执法之法"。法,由立法产生。立法有立法的规律、规则、技术,立法时虽也考虑执法、司法、守法,但毕竟不同于执法、司法、守法。当立法可以兼容执法、司法、守法时,自会兼顾,不兼容时,优先依立法规律、规则、技术(立法应当考虑执法,实际是,立法有时没有注意考虑执法,这也是提高立法质量的一个着力点)。立法、执法、司法、守法的内容标准都是法,只是理解角度不同。以立法与执法两种不同角度,去理解同一法,立法角度重其规范目的,执法角度重其落实方法,即以要件要素为主的落实方法,这种法的落实方法转换,即由执法措施、制度来完成。通过执法措施、制度转化,法从"立法之法"变成"执法之法"。

二、弥补法之不足

执法措施、制度对于执法办案,不仅具有方法之功用,还有内容之功用。作为执法办案标准内容的法,具有抽象性。在执法办案之前,法律概念之内涵外延需确定,法律规范所指事项需确定,法律原则所指向的、发挥作用的法律规范需确定,这有赖于执法措施、制度加以明晰。法具有滞后性,不能随着社会需求、行政需要及时调整,执法办案又不能"无法可依",不顾当前实际,这有赖于执法措施、制度加以调和。法具有概括性,以适应不同地域领域情况,尤其是行政法,一条规范构成要件繁多,法律后果选择范围很大,容易造成执法不公、执行困难,这有赖于执法措施、制度加以解决等。

三、推动法之实施

徒法不足以自行。执法办案作为法律实施的主要方式之一，不是简单的、单纯的个人行为，不是可以为，可以不为，而是必须为，或者是一定条件下的必须为。执法办案是较为复杂的、需要前期有力支撑的、正式的组织活动，在执法办案前，组织人员条件、经费设施支撑就得具备，这需要执法措施、制度推进实现。因传统文化影响，在当代中国，非正当的人情关系仍存在影响，作为社会活动、社会关系的执法办案，也无法例外。执法办案涉及利益纠葛。人情与利益始终影响着执法办案，影响着执法办案人员。在执法办案，以及相关的社会关系中，建立以规则为主导的意识，转化为以规则为主导的行动，是一个长期的过程、系统的工程。在法治国家、法治政府、法治社会建设过程中，执法措施、制度是推动依法执法，正确实施法律的主要手段之一。

任何执法组织，均可制定执法措施、制度，这是一种抽象活动。

执法措施、制度，既可以以行政规范性文件为载体，也可以以政策文件为载体。前者侧重执法办案相对人角度要件，如果涉及减损执法相对人权益，或者增加其义务的，须有法律法规的依据。后者侧重执法办案执法组织角度要件，多为推动要件全面准确落实的措施，既可以增加执法办案行政要件，也可以对执法办案法律要件作出更严格、细致的规定。比如，《国务院办公厅关于全面推行行政执法公示制度执法全过程记录制度重大执法决定法制审核制度的指导意见》（国办发〔2018〕118

号），直接为行政处罚、行政强制、行政检查、行政征收征用、行政许可等执法办案增加了重大执法决定法制审核这一行政要件，在执法办案时，执法组织角度这一要件必须落实。比如，各地各系统的执法裁量基准制度，就是要求对法律规定的执法办案要件，进行确定化、细化和量化。增加、增强执法组织角度要件的执法措施、制度，执法组织依职权即可制定，一般不需要法定依据。

执法措施、制度可以对执法技术规范作出规定，如执法裁量基准制度，很大一部分是对制作、公开执法裁量基准技术规范的规定。有时，执法措施、制度本身就是执法技术规范，在执法中推行裁量基准，是解决不公正执法问题的措施，执法裁量基准本身又是执法技术规范。

第五题　执法工作面临的形势

执法工作面临的形势是多方面的，大到人民对美好生活的向往、经济社会发展、全面依法治国，小到人民群众对每一个执法案件的期盼，这些都对执法工作产生影响，形成形势。在作者著的《行政执法重点实务业务工作》一书中，总结了行政执法面临的四个方面的形势，即"法治政府建设目标已然确定""中国特色社会主义法律体系已经基本形成""社会监督普遍而深入""行政执法问题较多"。这四个方面的形势，对改进当前执法工作，仍有很强的现实意义。这里，仅从执法办案本身，这个执法工作的"本"，来简要分析当前面临的形势，这是与执法人员关系最为密切的。有两个方面，一是规定更多，二是追责更严。

一、规定更多

以行政文件表现的执法措施、制度,连同法律、法规、规章,都可以称为执法规定。如果以1996年行政处罚法的公布施行,作为执法工作的起点,与那时相比,现在与执法办案相关的规定,可谓巨幅增加。作者曾经做过不完全统计,在2014年,就有3万余件法律、法规、规章和行政文件,可以作为执法办案依据。随着法治建设的深入推进,规定更多的形势将更加突出。这意味着,对一个特定执法案件,其依据可能遍布在各种法典、行政文件中。执法人员在执法办案时,难以把握,很容易造成违规违法。

二、追责更严

全面建设社会主义现代化国家、全面深化改革、全面依法治国、全面从严治党是有机整体,相互作用。特别是,全面依法治国与全面从严治党相结合,对于执法办案来说,意味着执法责任更大,对违规违法行为,执法追责较之前更严。对不作为、乱作为的错案追责,特别是败诉追责,将逐渐成为常态。在现实中,错案追责、败诉追责已有不少个案。那种错案批评教育了事的做法,将逐渐成为过去。

第六题　应对执法形势,需要转换的两个执法观念

应对规定更多、追责更严的执法形势,针对执法办案,执法人员需要有两个方面的观念转换。

一、变法律适用为法律执行，形成从规范到事实的观念

以往更多的情况是，执法人员在对执法规定有个大概了解，甚至不甚了解的情况下，就去执法办案。中间出现的问题，一是凭主观、凭经验，二是靠边执法办案、边查找执法规定来解决，是一种先处理执法事实，再寻找执法规定的过程，也就是法律适用的过程，是从事实到规范的过程。以这种观念执法办案，在规定不多、追责不严的情况下，可能不会出现太大问题。但在规定更多、追责更严的执法形势下，以这种观念执法办案，就很难把关于特定案件的全部规定，准确地落实到特定案件中，因此也容易被追责，还没有执法效率。

当前，适应新的执法形势，要变执法办案仅是法律适用的认识，为执法办案不仅是法律适用，更是法律执行的认识，形成从规范到事实的观念。在执法办案前，就要全面占有、详细分析与特定案件有关的规定，从规定出发，在案件中落实规定。如果把执法办案看作一种"施工作业"，所办案件看作"工程"，那执法组织就是"施工队"，执法规定就是"施工图纸"。在施工作业之前，不研究明白施工图纸就去施工作业，所建工程就难以符合施工图纸，就难以通过验收，施工作业就会白忙活，还要面临损失，面临追责。执法办案的道理是一样的。

二、变以行为程序认识法律，为以事项要件认识法律，形成要件要素观念

行政法以行为、程序方式规定执法办案。在行政法中，执法办案被称为行政行为，执法办案的流程被称为行政程序。这种行为、程序规定方式，是立法角度的一种立法技术。执法人员从立法角度，理解执法规定的意义，理解执法行为、程序的含义固然重要，但这并不是最终目的。执法人员理解执法规定的最终目的，是落实执法规定。要全面、准确、有条理地落实执法规定，应对规定更多、追责更严的执法形势，仅从立法角度理解执法规定，显然是不够的，还必须更进一步，从执法角度理解把握执法规定。

从执法角度理解把握执法规定，就是要将执法规定变成执法事项、变成执法要件要素，以执法案件对应执法事项，以执法案件要件要素对应执法事项要件要素，运用执法流程，执法文书、执法案卷等执法材料，在案件中将要件要素逐一落实，从而实现在执法办案中，全面、准确、有条理地落实执法规定。这其中，最核心的问题是，执法要件要素在执法事项、执法案件上的确定，前提是科学划分执法规定所确定的执法事项。

执法事项就是权责清单事项中，针对社会的、内含执法意志的那部分事项。当前，权责清单事项工作广泛开展，存在的主要问题是：事项划分不够科学、细致，难以完全对应执法案件。事项制定、更新很不及时，尤其是机构改革后，相关执法

组织不能及时制定、更新事项。事项在执法办案中的运用,并没有广泛开展,执法组织、执法人员还没有将对执法事项的研究,作为执法办案研究的重点,很多事项制定出来后,都被束之高阁,殊为可惜。事项要件要素确定不全面、不准确,难以有效发挥对执法办案的指导作用。这些方面,是执法组织改进权责清单事项工作的重点。

第二节　行政执法体制

行政执法体制，是执法组织与执法职权之间的配置方式，即作为整体的执法组织，与作为整体的执法职权（执法办案权），两者之间的总体配置形态，或者说是执法职权在执法组织间分配，呈现出的组织——权力结构。

当我们称一个组织为执法组织时，意味着他有执法职权（其由"三定规定"中的职能和法律共同决定），当我们称执法职权时，其一定是特定执法组织的执法职权。职权连同条件，是执法组织的属性。执法体制，专指执法组织的执法职权属性，偏重总体性。但是，在实务业务上，执法组织、执法职权都是具体的。这种具体的、特定的执法组织的执法职权，我们通常称为特定单位的"事权"，即对以权责清单事项表现的执法事项，进行办理的权力。在总体上了解执法体制，目的是更准确地把握具体的"事权"，即具体执法组织的具体执法职权。

执法体制是基础性、前提性执法措施。执法体制不顺、不当，必然影响执法办案。所谓执法体制的"顺"，是指执法组织上下左右协调通畅，所谓执法体制的"当"，是指执法职权配置合理，执法职权及其他执法资源的配置，符合执法需要。

第一题　行政执法体制存在的问题

从 1996 年到现在，不同地方、领域执法体制，存在不同程度的下列问题,时间越往前,这些问题越明显。

一是高度集中。一方面,执法职权过大过宽。这导致大量社会问题,涌向政府和执法组织,难以解决。另一方面,执法职权向上集中。在执法系统内部,执法职权自下而上,高度集中于上级执法组织,存在"看得见,管不着,管得着,看不见"的问题。比如,行政许可领域,在进行行政审批制度改革以前,有些审批事项,要经历各级审批,市县政府、执法组织于事不决,人民群众办事困难,市场主体苦不堪言。随着执法体制改革的深入,目前这个问题正得到较好的解决,但仍然存在一些问题。

二是高度对应。基于上级安排工作,下级对应执行的现实需要,各级党委政府在本地执法组织的设置上,基本采取上下级对应设置的做法,很少根据本地区执法实际,来设置执法组织。执法组织也有同样考虑,为了便于开展执法工作,他们也倾向对应上级执法组织,来设置本执法组织。即使到现在,这种对应设置执法组织的观念,仍占主流。一旦不对应设置,无论上级还是下级执法组织,都会觉得"不适应"。

三是权限不清。一方面,同一执法系统内部,上下级执法组织之间,存在执法权限不清的情况。在有些执法领域,甚至重要执法领域,没有实行分级分类执法,对同一个执法事项,都有管辖权,造成重复执法。另一方面,不同执法系统执法组织之间,存在权限不清。对同一执法事项,从这个角度看,属于这一执法组织管辖,从那个角度看,又属于那一执法组织管辖,造成交叉执法。这个问题,目前正在逐步解决。但是,基于事物的多面性、立法的多角度，交叉执法不能完全靠执法体制改革解决，在一定程度上，需要依靠执法协调。

四是保障不力。因有些具有配置执法资源职权的单位、人员，对执法工作认识不到位，或者其他原因，对哪些是执法组织，哪些不是执法组织，哪些执法组织执法办案任务重，哪些执法办案任务轻，在实践中把握不准。这导致很多执法组织在执法办案人员、执法办案经费、执法办案设施设备等配置保障方面，存在严重不足，严重影响执法办案。另一个保障不力的重要方面，就是执法专门队伍，不能做到专人专用，执法专业化、职业化程度仍然很低。比如，车改已经很多年，到现在还有执法组织，执法车辆无法得到保障。又如，有的基层执法组织的执法人员，被拉用现象十分严重，无暇研究、开展执法办案。

这些问题是执法体制改革的着力点。

第二题　行政执法体制结构

目前，我国执法体制的结构，可以用"一元多极多层多性质"来概括。

"一元"是指政府，含各级人民政府，主要是县级及以上人民政府。狭义的政府，是一个特殊的执法组织。政府作为"常设"执法组织，与其他执法组织相比，具有以下几个特点。第一，政府的执法职权，依照法律、法规、规章直接确定，不由其他组织配置。第二，政府通常行使的是特定执法案件的"决定权"，该案其他执法职权，一般由其所属部门，或者其他执法组织行使。第三，政府不仅是执法组织，还是执法工作的领导机关，对其辖区内的执法组织的执法工作，负有领导和监督职责。第四，政府基于对执法工作的领导权，有权依照宪法和法律，在遵守《中国共产党机构编制工作条例》的前提下，依法或者依职权，对其所属执法组织的执法职权，作出抽象规定。第五，政府基于对执法工作的领导权，可以通过行政命令等，在形式和实质上，干预其所属执法组织具体执法职权行使。

"多极"是指横向上，有数个不同类别的执法组织。在开展执法体制改革以前，横向执法组织均以行政分类为分类标准设置，之后，参以执法职权分类为标准设置。比如，现在各地设立的行政审批局，就以执法职权分类为标准设置。也有以行政分类、执法职权分类相结合为标准，来设置执法组织的情形，如城市管理综合执法局，城市管理是行政分类标准，综合执法对应行政检查、行政处罚、行政强制执法职权分类标准。

在我国，"多极"是一个显著的执法体制结构，目前在横向上，执法组织数量仍然偏多，据不完全统计，2020年某省省级一级执法组织有40余个。一个层级有太多的执法组织，不利于执法，是执法体制改革的重点，总体趋势是，向政府五大职能即宏观调控、市场监管、公共服务、社会管理、生态环境保护综合，逐步减少同级执法组织。

"多层"是指纵向上，有数个不同层级的执法组织。作为行政组织的一部分，执法组织的层级，基本等同于行政组织层级。按照我国宪法和组织法的规定，我国行政组织的层级，主要是中央级、省级、市级、县级、乡级五个层级，执法组织的层级也大体依此。县级及以上的执法组织，包括政府及其有执法权的部门，乡级只有一个单一的执法组织（主体），即乡级政府。显然，执法组织层级过多，不利于执法，属于执法体制改革的对象。改革的总体趋势是，减少执法组织层级，将执法任务向下级执法组织转移。但要注意，这种减少和转移，不是取消上级执法组织，不是取消上级组织的执法职权，而是在执法组织系统内部，更加合理的划分执法职权、执法任务，以适应执法需要。

"多性质"是指执法组织及其执法人员、执法职权的性质是多样的。就执法组织而言，按照组织的主要性质分类标准，执法组织可以是具有执法职权的党委部门、行政机关、事业单位、企业。按照法律的标准，执法组织包括执法主体、受委托的执法组织，执法主体又可以分为法定主体、授权主体。就执法人员而言，依身份不同，执法人员可以是公务员、参照公务员管理人员、事业单位人员、在编在岗的工人。执法职权按照行政和法律分类，更是多种多样的。

针对"多性质"这种执法体制结构的改革，是否如有些人认为的那样，在执法组织上向行政机关靠拢，在执法人员上向公务员靠拢呢？一要看是否符合执法需要，二要看行政机构限额、行政编制总额。从执法实际来看，对应于社会专业化、多样性，执法组织、执法人员多样，可能更为有利，能够使执法办案更加专业、有效且更加经济。从机构限额、编制总额来看，如果较为宽松，在符合条件可能的情况下，将更多的执法组织、执法人员转为行政机关、公务员自然是更好的。当然，无论何种性质的执法组织、执法人员，对其的执法待遇、执法保障应当是统一的。

第三题　行政执法体制改革

执法体制改革的目标，按照党的十八届三中全会通过的决定，即《中共中央关于全面深化改革若干重大问题的决定》的表述是，建立权责统一、权威高效的行政执法体制。按照党的十八届四中全会通过的决定，即《中共中央关于全面推进依法治国若干重大问题的决定》的表述是，建立权责统一、权威高效的依法行政体制。依法行政体制应包含行政执法体制。按照党的十九届四中全会通过的决定，即《中共中央关于坚持和完善中国特色社会主义制度、推进国家治理体系和治理能力现代化若干重大问题的决定》的表述是，加快形成完备的法律规范体系、高效的法治实施体系、严密的法治监督体系、有力的法治保障体系，加快形成完善的党内法规体系。法治实施体系，应包括行政执法体制。按照《法治政府建设实施纲要（2021—2025年）》的表述是，完善权责清晰、运转顺畅、保障有力、廉洁高效的行政执法体制机制。

执法体制改革措施主要有下列几个方面。

一、机构改革

机构改革作为执法体制改革措施，能够改变执法体制结构，解决"多极""多层""多性质"结构中存在的问题，而且比较彻底、相对稳定。

机构改革包括党的机构改革、国家机构改革两部分，国家机构改革包含政府机构改革，对执法体制影响最大的，是政府机构改革。

政府机构改革，对于执法体制来说，是对执法组织的执法职权，进行阶段性重构。所谓阶段性，是指一般每五年（一届政府任期）进行一次机构改革。所谓重构，是指每次政府机构改革，绝大部分执法职权，在执法组织间，都要以职能配置、内设机构、人员编制规定，即所谓的"三定"规定的形式，进行重新确定。"三定"规定，是确定特定执法组织执法职权的依据之一。幅度较大的政府机构改革，在重构执法职权的同时，对部分执法组织也要进行重构，很多执法组织在机构改革中，被重组、撤销、新设。

上面提到，绝大部分执法职权，因政府机构改革重构，这意味着，还有一部分执法职权，并不因政府机构改革重构，也不因党和国家机构改革重构，主要是指，那些不属于党和国家机构体系的执法组织，他们不参与机构改革，其执法职权，不因机构改革重构。比如，依法设立的精神障碍诊断、治疗医疗机构，依照精神卫生法，其具有约束、隔离精神障碍患者的执法职权，属执法组织，其执法职权不因机构改革重构。

二、相对集中执法权与综合执法改革

相对集中执法权和综合执法改革，作为执法体制改革措施，也能够改变执法体制结构，能够解决"多极""多层""多性质"结构中存在的问题，它的优势是，改革的系统性较强。

相对集中执法权与综合执法，是一个问题的两面，相对集中执法权是方式方法，综合执法是目的。相对集中执法权，目前主要是相对集中处罚权，相对集中许可权。在实践中，综合执法改革主要指代以相对集中处罚权为主，辅以相对集中相应检查权、强制权的改革。相对集中许可权，在实践中，一般被称为行政审批制度改革，从执法角度来看，也是一种综合执法，属于执法体制改革措施。

综合执法改革，可以分为"大综合""小综合"两种。大范围的"大综合"，一般通过机构改革实现（有时不在机构改革期间）。随着本轮机构改革的推进，"大综合"执法体制改革阶段性工作，已基本完成。"小综合"一般通过体制机制和职责调整实现。

所谓"大综合"，就是跨部门集中执法权，将原由其他部门行使的部分或全部执法职权，划归到一个特定部门，统一由该部门行使这部分执法职权。这个特定部门，既可以是新设的执法组织，如行政审批局，也可以是原有执法组织，通过职能划转，实现综合执法。2015年，中共中央、国务院印发的《关于深入推进城市执法体制改革改进城市管理工作的指导意见》所布置的、有关综合执法的改革措施，属于"大综合"。

所谓"小综合"，是指部门内集中执法权，将部门内多个执法组织行使的执法权，统一归由该部门特定执法组织行使。党的十九届三中全会通过的决定，即《中共中央关于深化党和国家机构改革的决定》明确：深化行政执法体制改革，统筹配置行政处罚职能和执法资源，相对集中行政处罚权，整合精简执法队伍，解决多头多层重复执法问题。一个部门设有多支执法队伍的，原则上整合为一支队伍。推动整合同一领域或相近领域执法队伍，实行综合设置。这里的改革措施重点是"小综合"。为此，2018年以来，中共中央办公厅、国务院办公厅先后印发了《关于深化市场监管综合行政执法改革的指导意见》《关于深化农业综合行政执法改革的指导意见》《关于深化市场监管综合行政执法改革的指导意见》《关于深化交通运输综合行政执法改革的指导意见》《关于深化生态环境保护综合行政执法改革的指导意见》《关于深化应急管理综合行政执法改革的意见》六个"意见"，布置综合执法改革工作，各地也纷纷制定实施方案，予以落实。

综合执法之后，面临的最大问题是，如何处理综合执法与专业执法的关系，这个关系处理不好，将产生更多、更大的问题，实践中在有些地方、有些领域问题已经凸显，表现之一就是较综合前，执法办案量骤减。

综合执法在实质上，无关法律。必须分清作为法律概念的"负责A的主管部门"，与作为实际存在的"某市A局"的区别，两者不是名称对应，而是性质对应。"某市A局"是法律指称的"负责A的主管部门"，是基于"某市A局""三定"规定的判断。"三定"规定将法律规定的"负责A的"职能赋予"某市B局"，则"某市B局"为法律指称的"负责A的主管部门"。这一问题，经常在理论界、实务界被混淆，造成了不必要的困扰。法律语词（一切抽象文件的语词）表示的是概念，执法语词（一切具体文件的语词）表示的才是特定事物，这个问题我曾反复强调过。

三、执法重心下移改革

执法重心下移改革，对应于执法体制"多层"结构，能够解决其中存在的问题，它的特点是，具有整体性。

《中共中央关于坚持和完善中国特色社会主义制度、推进国家治理体系和治理能力现代化若干重大问题的决定》明确，推动执法重心下移。执法重心下移是指，将上级执法组织的执法职能、执法事项，向下级执法组织转移，从而实现相应执法职权、执法职责、执法资源向下级执法组织转移的改革措施。执法重心下移，实际是执法职权在同系统的执法组织间，下行的重新配置。

执法重心下移具体方法有两种，一种是通过修订法律、法规、规章，将上级执法组织具有的，下级执法组织没有的执法职权，赋予下级执法组织，上级执法组织不再行使相应执法职权。另一种是在现有法律框架内，上下级执法组织都具有特定执法职权，明确该执法职权由下级执法组织行使，上级执法组织不再行使相应执法职权。无论哪种方法，都应当按照中共中央办公厅、国务院办公厅印发的《关于推行地方各级政府工作部门权力清单制度的指导意见》等文件要求，将执法职权对应的执法事项，最终落实到权责清单这个执法事项清单上，只有这样，才能做到执法职权、执法事项明确。以执法事项清单明确执法职权、执法事项，不仅对执法重心下移改革具有重要意义，对在机构改革、相对集中执法权与综合执法改革中，明确有关执法组织的执法职权、执法事项，巩固改革成果，同样具有重要意义。

当前，执法重心下移工作，已经逐步从中、省执法组织向市、县执法组织下移，实行以县区级执法组织为主，扩展到向乡镇政府、街道办事处下移执法职权，乡镇政府、街道办事处将成为更加重要的执法组织。在文件规定上，中共中央办公厅、国务院办公厅印发的《关于深入推进经济发达镇行政管理体制改革的指导意见》明确：省（自治区、直辖市）政府可以将基层管理迫切需要且能够有效承接的一些县级管理权限包括行政审批、行政处罚及相关行政强制和监督检查权等赋予经济发达镇，制定目录向社会公布，明确镇政府为权力实施主体。法律规定的县级政府及其部门上述管理权限需要赋予经济发达镇的，按法定程序和要求办理。中共中央办公厅、国务院办公厅印发的《关于推进基层整合审批服务执法力量的实施意见》明确：推进行政执法权限和力量向基层延伸和下沉，强化乡镇和街道的统一指挥和协调职责。整合现有站所、分局执法力量和资源，组建统一的综合行政执法机构，按照有关法律规定相对集中行使行政处罚权，以乡镇和街道名义开展执法工作，并接受有关县级主管部门的业务指导和监督，逐步实现基层一支队伍管执法。在法律规定上，2021年新修订的行政处罚法第二十四条第一款明确规定，省、自治区、直辖市根据当地实际情况，可以决定将基层管理迫切需要的县级人民政府部门的行政处罚权交由能够有效承接的乡镇人民政府、街道办事处行使，并定期组织评估。决定应当公布。2011年公布的行政强制法第十七条第二款明确规定,依据《中华人民共和国行政处罚法》的规定行使相对集中行政处罚权的行政机关,可以实施法律、法规规定的与行政处罚权有关的行政强制措施。

第三节　行政执法领导

行政执法领导，是指对执法工作的领导，就是明确执法工作方向，确定执法工作内容、提供执法工作保障、保证执法工作实现，同时，还包括对执法人员的统率、指引。

执法领导，在领导主体上，主要是党的领导、政府领导两类，在领导权上，可以包含指导权、监督权等。执法指导，是保障执法的措施之一，执法监督是保证执法的措施。

第一题　党对执法工作的领导

党领导执法工作。我国宪法第一条规定，中华人民共和国是工人阶级领导的、以工农联盟为基础的人民民主专政的社会主义国家。社会主义制度是中华人民共和国的根本制度。中国共产党领导是中国特色社会主义最本质的特征。禁止任何组织或者个人破坏社会主义制度。

党通过统一领导、统一部署、统筹协调方式，明确执法工作方向、确定执法工作内容、提供执法工作保障，保证执法工作实现。党领导执法工作，最突出的特征是："保证执法"。体现在以下三个方面：

一是党保证为人民执法的方向。在我国，执法工作坚持以人民为中心。执法工作必须为了人民、依靠人民、造福人民、保护人民。执法工作的根本目的是依法保障人民权益。要通过执法工作，依法保障全体公民享有广泛的权利，保障公民的人身权、财产权、基本政治权利等各项权利不受侵犯，保证公民的经济、文化、社会等各方面权利得到落实，不断增强人民群众获得感、幸福感、安全感，通过执法工作保障人民安居乐业，逐步实现对美好生活的向往。

二是党保证执法组织正确有效执行法律。宪法是党和人民意志的集中体现，根据宪法制定的法律，是执法的标准内容。维护宪法法律权威，就是维护党和人民共同意志的权威，捍卫宪法法律尊严，就是捍卫党和人民共同意志的尊严，保证宪法法律实施，就是保证党和人民共同意志的实现。以执法来实施、执行宪法法律，就是实现、执行党和人民的共同意志。党通过自身各级组织系统，通过指导、监督、检查、考核、奖惩等各种组织措施，来保证依法执法。各级各类执法组织，必须按照党中央要求，依照体现党和人民共同意志的宪法法律规定，开展执法工作，正确有效执行法律，严格规范公正文明执法。

三是党保证为执法提供保障。执法需要保障，没有保障，就没有执法。执法，是党领导全面依法治国的重要内容，在全面依法治国工作中，占有重要地位。要坚持全面推进科学立法、严格执法、公正司法、全民守法，建设包括执法队伍在内的、高素质法治专门队伍，加快形成包括执法保障体系在内的、有力的法治保障体系。

第二题　政府对执法工作的领导

执法工作，是行政工作的一部分。各级人民政府领导行政工作，领导执法工作。我国宪法第八十五条规定，中华人民共和国国务院，即中央人民政府，是最高国家权力机关的执行机关，是最高国家行政机关。第八十九条规定，"国务院行使下列职权：……（三）规定各部和各委员会的任务和职责，统一领导各部和各委员会的工作，并且领导不属于各部和各委员会的全国性的行政工作；（四）统一领导全国地方各级国家行政机关的工作，规定中央和省、自治区、直辖市的国家行政机关的职权的具体划分……"。第一百零七条第一款和第二款规定，县级以上地方各级人民政府依照法律规定的权限，管理本行政区域内的经济、教育、科学、文化、卫生、体育事业、城乡建设事业和财政、民政、公安、民族事务、司法行政、计划生育等行政工作，发布决定和命令，任免、培训、考核和奖惩行政工作人员。乡、民族乡、镇的人民政府执行本级人民代表大会的决议和上级国家行政机关的决定和命令，管理本行政区域内的行政工作。我国地方各级人民代表大会和地方各级人民政府组织法第七十三条规定，"县级以上的地方各级人民政府行使下列职权：……（二）领导所属各工作部门和下级人民政府的工作……"。

"政府是执法主体"。地方各级政府及其部门主要负责同志，是执法工作的第一责任人。政府统一领导各级各类执法组织执法工作，侧重于明确具体目标、确定具体内容、提供具体保障、保证具体实现。主要是：一是结合行政实际，将党对执法工作领导的"四个方面""三个保证"要求，转化为具体的执法目标，并分阶段加以推进落实。二是围绕执法目标，确定执法工作具体内容，确定具体的执法措施、执法制度，并分步骤予以推进落实。三是通过加强执法指导协调，解决执法工作中存在的具体问题，为执法工作顺利开展提供保障。通过执法资源调配，为执法工作提供具体的组织人员、经费设备等的保障。四是通过组织开展执法监督、检查、考核等，具体的保证执法工作实现。

第三题　行政执法指导

行政执法指导，是指分析、阐明执法工作，指引解决执法工作问题，以推进提升执法工作质量（效率）的执法保障活动。在指导内容上，涵盖执法工作两部分，即执法办案和执法制度。执法指导与执法领导紧密相关，其既是执法领导四个方面中，提供执法保障的措施之一，也是落实执法领导的一种方式。没有执法指导保障，执法工作就可能偏离执法领导、偏离法律，就可能无法实现执法工作的高质量发展。行政执法指导，不具有强制约束力，但是，掌握指导权的指导机关，通常对被指导执法组织的执法工作，具有评价权，甚至具有领导权、监督权、检查权、考核权。因此，执法指导对执法工作具有重要意义。

在执法实践中，基于行政体制和执法体制，形成了条块结合、各有侧重的执法工作指导体系。

一、"块块指导"

"块块指导"，就是指各级党委、政府对其区域内的执法组织的执法工作所进行的指导。这种指导，主要基于党委、政府对执法工作的领导权。党委、政府的指导，对于实务业务，不可能指导的很细、很具体，也主要集中在执法制度方面，对执法办案，未制度化的执法措施等，不一定能涉及。为解决实务业务指导问题，通常，党委、政府会将相应指导权授予特定机关，由该机关实施具体的、全面的、专业的指导，目前，这类特定的指导执法工作的机关，主要是各级司法行政机关。司法行政机关指导执法工作，可以及于执法工作各个方面，但由于司法行政机关法治业务的局限性，通常侧重于通用执法制度、执法措施的指导，侧重于执法办案涉及的法律部分，特别是行政程序法部分。

二、"条条指导"

"条条指导"，就是指同一执法组织系统内，上级执法组织对下级执法组织的执法工作，所进行的指导。在实行垂直领导或者双重领导的执法组织系统，条条指导基于领导权。此外，基于法律授权。我国地方各级人民代表大会和地方各级人民政府组织法第八十三条规定，省、自治区、直辖市的人民政府的各工作部门受人民政府统一领导，并且依照法律或者行政法规的规定受国务院主管部门的业务指导或者领导。自治州、县、自治县、市、市辖区的人民政府的各工作部门受人民政府统一领导，并且依照法律或者行政法规的规定受上级人民政府主管部门的业务指导或者领导。在实践中，具体承担条条指导的机构，主要是上级执法组织的法治机构、专门的执法机构、具体承办执法事项的司局、处室、科股等。上级执法组织的指导，也是具体的、全面的、专业的指导，但侧重于系统内特有的执法措施、执法制度，在执法办案上，侧重于行政实体法，以及与执法办案有关的行政专业知识。

除了条、块指导这种较为稳定的执法指导以外，在实践中，还经常存在临时执法指导。这种执法指导，通常表现为有权机关组织的执法"检查组"，在检查期间，对有关执法组织执法工作的指导。随着检查工作的结束，这种"检查组"与有关执法组织的工作指导关系，也随之结束。

第四题 行政执法监督

行政执法监督，是指对执法工作与法律、行政执法领导是否符合予以察看，对不符合的方面，予以否定，对相应执法工作以及与之有关的执法组织、执法人员予以处理的执法保证活动。开展执法监督活动，应当具有监督权。监督权按照监督过程，可以分为三类，即察看权、否定权和处理权。只要有权察看并且有权否定，即为有权监督，至于处理权，则在法律规定，有所不同。基于领导权，各级党委、政府有权监督执法工作，其授权的机关，有权对执法工作予以具体监督，目前被授权监督执法工作的机关，主要是各级司法行政机关。此外，还有并非基于对执法工作的领导权，而是基于法律授权的执法监督。按照监督主体区分，主要是：

一、公民监督

公民有权监督任何执法组织、执法人员、执法工作。这种监督，主要通过批评、建议，申诉、控告、检举方式实现。我国宪法第二十七条第二款规定，一切国家机关和国家工作人员必须依靠人民的支持，经常保持同人民的密切联系，倾听人民的意见和建议，接受人民的监督，努力为人民服务。第四十一条第一款和第二款规定，中华人民共和国公民对于任何国家机关和国家工作人员，有提出批评和建议的权利；对于任何国家机关和国家工作人员的违法失职行为，有向有关国家机关提出申诉、控告或者检举的权利，但是不得捏造或者歪曲事实进行诬告陷害。对于公民的申诉、控告或者检举，有关国家机关必须查清事实，负责处理。任何人不得压制和打击报复。舆论、新闻媒体监督属于公民监督。

二、人大监督

各级人民代表大会及其常务委员会，有权监督本级执法组织、执法人员（其决定任免的人员）、执法工作，有权依法监督执行其制定的法律、法规的执法组织的执法工作。这种监督，主要通过听取和审议政府专项工作报告、审计工作报告，法律法规实施情况的检查、询问和质询，特定问题调查等方式实现。我国宪法第三条第三款规定，国家行政机关、监察机关、审判机关、检察机关都由人民代表大会产生，对它负责，受它监督。第六十二条规定，全国人民代表大会有权监督宪法的实施。第六十七条规定，"全国人民代表大会常务委员会行使下列职权：（一）解释宪法、监督宪法的实施……（六）监督国务院、中央军事委员会、国家监察委员会、最高人民法院和最高人民检察院的工作……"。我国各级人民代表大会常务委员会监督法第五条规定，各级人民代表大会常务委员会对本级人民政府、人民法院和人民检察院的工作实施监督，促进依法行政、公正司法。

三、政府监督

1. 督查监督。县级以上人民政府有权以政府督查方式，监督下级执法组织、执法人员、执法工作。这种监督主要通过要求督查对象自查、说明情况，听取督查对象汇报，开展检查、访谈、暗访，组织座谈、听证、统计、评估，调阅、复制与督查事项有关的资料，通过信函、电话、媒体等渠道收集线索，约谈督查对象负责人或者相关责任人，运用现代信息技术手段开展"互联网+督查"等方式开展监督。我国政府督查工作条例第四条规定，"政府督查内容包括：……（三）督查对象法定职责履行情况；（四）本级人民政府所属部门和下级人民政府的行政效能"。第五条规定，"政府督查对象包括：（一）本级人民政府所属部门；（二）下级人民政府及其所属部门；（三）法律、法规授权的具有管理公共事务职能的组织；（四）受行政机关委托管理公共事务的组织……"。

此外，政府督查机构还有对执法人员的监督权。政府督查工作条例第二十三条规定，督查工作中发现公职人员涉嫌贪污贿赂、失职渎职等职务违法或者职务犯罪的问题线索，政府督查机构应当移送监察机关，由监察机关依法调查处置；发现涉嫌其他犯罪的问题线索，移送司法机关依法处理。

2. 复议监督。省级以下、县级以上人民政府作为行政复议机关，有权以行政复议的方式，监督所属的同级执法组织、下一级政府被申请复议的执法办案，与执法办案有关的执法制度、执法措施。我国行政复议法第六条规定，"有下列情形之一的，公民、法人或者其他组织可以依照本法申请行政复议：（一）对行政机关作出的警告、罚款、没收违法所得、没收非法财物、责令停产停业、暂扣或者吊销许可证、暂扣或者吊销执照、行政拘留等行政处罚决定不服的……（十一）认为行政机关的其他具体行政行为侵犯其合法权益的"。第七条规定，"公民、法人或者其他组织认为行政机关的具体行政行为所依据的下列规定不合法，在对具体行政行为申请行政复议时，可以一并向行政复议机关提出对该规定的审查申请：（一）国务院部门的规定；（二）县级以上地方各级人民政府及其工作部门的规定；（三）乡、镇人民政府的规定。前款所列规定不含国务院部、委员会规章和地方人民政府规章。规章的审查依照法律、行政法规办理"。

同时，复议机关对与被复议的执法办案有关的执法人员，也有权监督，或者说有责任监督。我国监察法第三十四条第一款规定，人民法院、人民检察院、公安机关、审计机关等国家机关在工作中发现公职人员涉嫌贪污贿赂、失职渎职等职务违法或者职务犯罪的问题线索，应当移送监察机关，由监察机关依法调查处置。

对省级政府执法办案不服的，向该政府申请复议。对复议决定不服，如申请国务院裁决，国务院依照行政复议法作出最终裁决。

此外，行政复议机构还有对执法组织的监督权。我国行政复议法实施条例第五十七条第二款规定，行政复议期间行政复议机构发现法律、法规、规章实施中带有普遍性的问题，可以制作行政复议建议书，向有关机关提出完善制度和改进行政执法的建议。

3. 执法监督。行政执法监督是指，各级司法行政机关具体代表本级政府，履行政府监督执法职责，对同级和下级执法组织的执法工作所进行的层级监督，含对执法组织、执法办案、执法措施、制度、执法人员的监督。我国行政处罚法第七十五条规定，县级以上人民政府应当定期组织开展行政执法评议、考核，加强对行政处罚的监督检查，规范和保障行政处罚的实施。行政许可法第十条规定，县级以上人民政府应当建立健全对行政机关实施行政许可的监督制度，加强对行政机关实施行政许可的监督检查。

行政执法监督工作存在的根据在于，要落实党对全面依法治国统一领导、统一部署、统筹协调，落实政府对执法工作的领导，就必须有一个执法监督组织，统一的、主动的、全面的、系统的、专业的开展执法监督工作，这种监督工作的性质、地位、内容、作用，是其他任何类别的对执法的监督，都不完全具备的。

目前，行政执法监督工作，由各级司法行政机关的"三定"规定授权，或者以"三定"方案明确。在法律、行政法规层面，还没有出台行政执法监督专门规定，但已经列入日程，并且行政执法监督已经成为法律概念。我国《政府督查工作条例》第二十二条规定，政府督查应当加强与行政执法监督、备案审查监督等的协调衔接。《法治政府建设实施纲要（2021—2025年）》要求研究制定行政执法监督条例。国务院办公厅印发《全国深化"放管服"改革着力培育和激发市场主体活力电视电话会议重点任务分工方案》明确规定,研究起草行政执法监督条例,加强执法监督,规范行政执法行为。有些地方制定了专门的行政执法监督条例,或者在行政执法法规、规章中对行政执法监督作出专门规定。

"三定"规定由各级机构编制委员会审定,各级机构编制委员会由本级党委设立,因此,"三定"规定体现党的意志。党领导执法,领导行政执法监督,基于此,行政执法监督及于"三定"规定所规定的所有执法工作,包括具有执法职责的党委部门的执法工作。"三定"规定授权的行政执法监督机构"归口"监督管理执法工作。

4. 对不属于自己管理的执法组织的监督。县级及以上地方人民政府,有权监督不属于自己管理的执法组织、执法工作。我国地方各级人民代表大会和地方各级人民政府组织法第八十四条规定,省、自治区、直辖市、自治州、县、自治县、市、市辖区的人民政府应当协助设立在本行政区域内不属于自己管理的国家机关、企业、事业单位进行工作,并且监督它们遵守和执行法律和政策。此种监督,可以纳入行政执法监督。

四、监察监督

各级监察委员会有权监督执法人员,以及有关的执法组织、执法工作。对执法人员的监督,主要通过监督检查,对涉嫌职务违法、职务犯罪的公职人员监察调查、个人监察处置来实现。我国监察法第十五条规定,"监察机关对下列公职人员和有关人员进行监察：（一）中国共产党机关、人民代表大会及其常务委员会机关、人民政府、监察委员会、人民法院、人民检察院、中国人民政治协商会议各级委员会机关、民主党派机关和工商业联合会机关的公务员，以及参照《中华人民共和国公务员法》管理的人员；（二）法律、法规授权或者受国家机关委托管理公共事务的组织中从事公务的人员；（三）国有企业管理人员；（四）公办的教育、科研、文化、医疗卫生、体育等单位中从事管理的人员；（五）基层群众性自治组织中从事管理的人员；（六）其他依法履行公职的人员"。

对有关执法组织、执法工作的监督，主要通过监察监督、监察调查和监察建议来实现。我国监察法第四十五条规定，"监察机关根据监督、调查结果，依法作出如下处置：……（五）对监察对象所在单位廉政建设和履行职责存在的问题等提出监察建议……"。第六十二条规定，有关单位拒不执行监察机关作的处理决定，或者无正当理由拒不采纳监察建议的，由其主管部门、上级机关责令改正，对单位给予通报批评；对负有责任的领导人员和直接责任人员依法给予处理。

我国监察法第三十四条第一款规定，人民法院、人民检察院、公安机关、审计机关等国家机关在工作中发现公职人员涉嫌贪污贿赂、失职渎职等职务违法或者职务犯罪的问题线索，应当移送监察机关，由监察机关依法调查处置。这一规定，直接设定了具有对执法组织、执法工作监督职责的国家机关，对相应执法人员的监督权，无论该国家机关依据的监督法律法规，是否对执法人员的监督作出规定。

五、法院监督

各级人民法院有权监督被提起诉讼，且其有管辖权的执法办案，对与该执法办案有关的执法制度、措施也具有监督权，并因此对有关执法组织具有监督权。各级人民法院有权监督其有管辖权的执法人员。对执法工作、执法组织的监督，主要通过对执法办案的行政审判、提出处理建议来实现。我国行政诉讼法第一条规定，为保证人民法院公正、及时审理行政案件，解决行政争议，保护公民、法人和其他组织的合法权益，监督行政机关依法行使职权，根据宪法，制定本法。第二条规定，公民、法人或者其他组织认为行政机关和行政机关工作人员的行政行为侵犯其合法权益，有权依照本法向人民法院提起诉讼。前款所称行政行为，包括法律、法规、规章授权的组织作出的行政行为。第五十三条规定，公民、法人或者其他组织认为行政行为所依据的国务院部门和地方人民政府及其部门制定的规范性文件不合法，在对行政行为提起诉讼时，可以一并请求对该规范性文件进行审查。前款规定的规范性文件不含规章。第六十四条规定，人民法院在审理行政案件中，经审查认为本法第五十三条规定的规范性文件不合法的，不作为认定行政行为合法的依据，并向制定机关提出处理建议。

对执法人员的监督，主要通过对执法办案的行政审判，对职务犯罪人员的刑事审判，司法建议来实现，刑事审判也涉及对执法组织的监督（单位犯罪）。我国行政诉讼法第六十六条规定，人民法院在审理行政案件中，认为行政机关的主管人员、直接责任人员违法违纪的,应当将有关材料移送监察机关、该行政机关或者其上一级行政机关;认为有犯罪行为的,应当将有关材料移送公安、检察机关。人民法院对被告经传票传唤无正当理由拒不到庭,或者未经法庭许可中途退庭的,可以将被告拒不到庭或者中途退庭的情况予以公告,并可以向监察机关或者被告的上一级行政机关提出依法给予其主要负责人或者直接责任人员处分的司法建议。我国刑事诉讼法第三条第一款规定,对刑事案件的侦查、拘留、执行逮捕、预审,由公安机关负责。检察、批准逮捕、检察机关直接受理的案件的侦查、提起公诉,由人民检察院负责。审判由人民法院负责。除法律特别规定的外,其他任何机关、团体和个人都无权行使这些权力。

六、检察监督

各级人民检察院有权监督其有管辖权的执法人员、执法组织、执法办案。在执法人员、执法组织监督上,主要通过对职务犯罪人员的批捕、公诉,对职务犯罪审判监督来实现。我国刑事诉讼法第三条第一款规定,对刑事案件的侦查、拘留、执行逮捕、预审,由公安机关负责。检察、批准逮捕、检察机关直接受理的案件的侦查、提起公诉,由人民检察院负责。审判由人民法院负责。除法律特别规定的外,其他任何机关、团体和个人都无权行使这些权力。第八条规定,人民检察院依法对刑事诉讼实行法律监督。

在执法办案监督上,主要通过提出检察建议、提起公益诉讼、对行政审判的监督来实现。其中,也涉及对执法组织的监督。我国行政诉讼法第二十五条第四款规定，人民检察院在履行职责中发现生态环境和资源保护、食品药品安全、国有财产保护、国有土地使用权出让等领域负有监督管理职责的行政机关违法行使职权或者不作为，致使国家利益或者社会公共利益受到侵害的，应当向行政机关提出检察建议，督促其依法履行职责。行政机关不依法履行职责的，人民检察院依法向人民法院提起诉讼。第十一条规定，人民检察院有权对行政诉讼实行法律监督。

七、审计监督

各级审计机关有权监督同级、下级执法组织财政收支、财务收支情况。这种监督，主要通过要求提供、检查有关资料，调查，检查，封存，提出审计建议，作出审计决定等方式来实现。我国审计法第十八条规定，审计机关对本级各部门（含直属单位）和下级政府预算的执行情况和决算以及其他财政收支情况，进行审计监督。第二十一条规定，审计机关对国家的事业组织和使用财政资金的其他事业组织的财务收支，进行审计监督。

八、上级执法组织对下级执法组织的监督

这里的执法组织是指各级党委、政府所属，具有执法职责的执法部门。

在复议监督上，上级执法组织依照行政复议法、监察法等对下级执法组织、执法人员、执法工作实施监督（对党委执法部门执法办案复议监督尚存障碍）。

在行政执法监督上，上级执法组织依照党内法规，法律、法规、规章和本组织"三定"规定、"三定"方案，对下级执法组织、执法人员、执法工作实施监督。

九、执法组织对受其委托的执法组织的监督

执法组织对受其委托的执法组织的执法办案有权监督。这种监督，主要通过对执法办案的审核、审批和监督检查来实现。我国行政处罚法第二十条第三款规定，委托行政机关对受委托组织实施行政处罚的行为应当负责监督，并对该行为的后果承担法律责任。我国行政许可法第二十四条第二款规定，委托行政机关对受委托行政机关实施行政许可的行为应当负责监督，并对该行为的后果承担法律责任。此外，执法组织依监察法，可以对受其委托的执法组织的执法人员进行监督。执法组织与受其委托的执法组织，如系领导与被领导关系，执法组织还可以监督受其委托的执法组织的执法措施、制度。

第四节　行政执法要求

党的十九届五中全会提出,"十四五"时期经济社会发展,"以推动高质量发展为主题"。《法治政府建设实施纲要（2021—2025年）》提出,行政执法质量和效能大幅提升。因此,当前和今后一个时期,行政执法工作的要求是,推动执法工作高质量发展,高质量涵盖高效能、高效率。按照行政执法法律性、行政性、社会性、具体性四个性质,可以从社会、行政、法律三个维度,来落实高质量执法要求。这其中,社会层面的执法质量要求最高,其次为行政层面,最后是法律层面,三者是统一的。执法质量达到法律要求,到行政要求,再到社会要求,是一个渐进的、提高的过程,这个过程,也是执法工作推动的过程、发展的过程。

第一题　社会层面高质量执法——人民满意的执法

《法治政府建设实施纲要（2021—2025年）》提出,着眼提高人民群众满意度,着力实现行政执法水平普遍提升,努力让人民群众在每一个执法行为中都能看到风清气正、从每一项执法决定中都能感受到公平正义。

人民满意的执法,是对作为社会工作的执法工作的最高要求,体现执法工作的最高质量。这种最高质量的实现程度,我们通常称之为执法的社会效果。

促进人民满意执法，就必须为人民执法，以人民满意作为执法工作的最终追求，作为执法工作的出发点、落脚点。每出台一项执法措施、一个执法制度，每办理一个执法案件，都从人民是否满意的角度，思考确定有关内容、办理方式，让人民在每一个执法措施制度、执法决定中感受到风清气正、感受到公平正义。在利于执法人员、组织，与利于人民相冲突时，果断以人民的利益为重，从有利于人民的角度，制定措施、出台制度、办理案件。站稳人民立场，从对人民负责的高度，思考、解决、解释执法工作问题，把人民满意作为检验执法工作效果的尺度，把推进实现人民幸福生活，作为执法工作的初心使命、最终归宿。

促进人民满意执法，就要坚持天理、国法、人情相统一，运用执法理论、必备执法理据，坚守法律底线、落实法律制度，谨守执法良知、体现执法人性，在执法中努力推进法理情相容，做到顺应天理、执行国法、合乎人性。将执法办案活动，真正作为执法人员自己人生中的一部分，作为执法人员自己与社会成员进行社会交往的过程，以彻底的"平等"观念对待相对人。在执法办案时，树立执法人员与相对人互为主体的观念，绝不把相对人物化为执法办案的"原料"，首先把相对人当作"人"，然后才是"相对人"，从心底里尊重相对人人格尊严。

促进人民满意执法，就要聚焦人民群众急难愁盼的实事，对重点领域和严重违法行为，着重发挥执法惩治"严"的政策功能，加大对食品药品、公共卫生、自然资源、生态环境、安全生产、劳动保障、城市管理、交通运输、金融服务、教育培训等关系群众切身利益的领域执法力度，加强执法维护经济社会秩序、公共利益，保护人民利益的效果，让执法有力度。

促进人民满意执法，就要聚焦人民群众急难愁盼的实事，对轻微违法和群众办事瑕疵，着重发挥执法教育、服务"宽"的政策功能，推行免罚清单，加强法律政策普及宣传教育感化，切实落实证明事项告知承诺制，充分发挥执法信息化服务群众作用，尽力帮助指导协调解决群众在执法办事中的问题，推进与人民群众利益攸关的立法，绝不为罚而罚，绝不简单的"依法不办"，让执法有温度。

促进人民满意执法，就要坚持具体问题具体分析，深入推进精准精细执法，实现从办完案到办好案转变，任何时候都不搞"一刀切"执法，切实规范"运动式"执法，在执法上努力实现"一人一策""一企一策"。

促进人民满意执法，就要落实各项法律、制度、措施，依照规定，落实执法责任，规范执法裁量，加强执法审核，实行执法记录，把执法制度、执法措施、执法案件，依法向人民公开，请人民阅卷，接受人民的监督，征求人民的意见，回应人民的批评，不断按照人民的要求，改进执法工作，提高执法质量，努力向人民交上满意答卷。

第二题　行政层面高质量执法——严格规范公正文明的执法

《法治政府建设实施纲要（2021—2025年）》提出，健全行政执法工作体系，全面推进严格规范公正文明执法。

严格规范公正文明执法，是党和政府对作为行政工作的执法办案的总体要求，体现较高程度的执法质量。这种较高质量的实现程度，我们通常称之为执法的行政效果。

促进严格执法，就要明确执法组织的执法依据、职权职责、事项、程序，厘清各执法组织之间的执法职能，加强执法保障，为执法组织严格依法履职提供前提基础。促进严格执法，就要严格依法执法，作出执法决定，全面考虑法内要件要素，不考虑法外因素，坚决杜绝"关系案""金钱案""人情案"。促进严格执法，就要全面落实行政执法责任制度，执法全过程记录制度，严格确定不同执法组织、执法人员执法责任和责任追究机制，惩治执法腐败。促进严格执法，就要加强执法监督、执法指导，坚决排除对执法活动的干预，防止和克服地方和部门保护主义。促进严格执法，就要增强风险意识和管控能力，强化执法应急演练，防范化解执法风险、违法风险、社会风险。

促进规范执法，就要加快建立健全行政组织法、行政程序法、行政行为法，根据经济社会发展和执法工作需要，切实加强行政实体法，为执法办案提供最基本、最重要的执法规范。促进规范执法，就要科学确定执法事项，细化执法要件要素、执法流程程序，制定执法指南、手册等执法技术规范，明确执法实务操作各个环节，明晰执法难点、重点。促进规范执法，就要建立执法培训标准化体系，以执法技术规范为教授重点，开展经常性、系统性、有效性执法培训。促进规范执法，就要统一执法格式文书案卷、服装、标识、证件，推进执法办案整齐划一，规范有序。

促进公正执法，就要把好执法办案源头关，在依职权执法上，全面推行随机执法、全覆盖执法，在依申请执法上，全面推行申请执法登记制，防治选择性执法、歧视性执法。促进公正执法，就要把好执法办案过程关，依照公开的裁量基准执法办案，落实执法办案各环节、各阶段负责人、签字人责任，防治"一刀切"执法。促进公正执法，就要把好执法办案结果关，切实落实法制审核制度，坚持同样情形同样处理，不同情形不同处理，坚持事实情形与决定内容相当，防治执法畸重或畸轻。

促进文明执法，就要建立健全执法人员职业道德纪律，将执法办案与社会公德、职业道德、职业纪律深度相结合。促进文明执法，就要以践行社会主义核心价值观、遵守职业道德纪律，提升文化修养，加强社会通识、补齐个人短板为重点内容，深入推进执法人员素质教育。促进文明执法，就要广泛吸收中西优秀文化、文明、哲学有益成果，让执法人员、执法队伍在优秀文化和广阔实践中，锤炼执法精神，锻造执法品格。促进文明执法，就要改进执法工作作风，防治执法方法简单、态度生硬、作风粗暴，最大程度实行人性化执法。促进文明执法，就要增强理想信念，加强执法队伍革命化、正规化、专业化、职业化建设。

第三题　法律层面高质量执法——依法依理的执法

依法依理执法，是执法工作的底线，是对作为法律工作的执法工作的最低要求，体现最基本的执法质量。这种最基本的执法质量的实现程度,我们通常称之为执法的法律效果。执法的社会效果、行政效果、法律效果的总和,是谓执法的政治效果。

促进依法依理执法,就必须坚持执法职能、组织、依据、事项、要件、案件相统一。

一、以社会需要定职能

执法作为一种履行政府职能的活动,应当放在政府职能这个大框架中去考虑。政府应当有什么样的职能,不是随意确定的,而是由经济社会发展的客观需要决定的。通过研究分析经济社会发展历程发现,在经济领域,让市场在资源配置中起决定性作用是当前的客观需要,在社会领域,满足人民对美好生活的向往是当前的客观需要,我们就要根据这种客观需要来确定政府职能。按照中央规定,当前,政府的职能和作用主要是宏观调控、市场监管、公共服务、社会管理、生态环境保护,那么,就应当依照政府这种职能作用,来确定执法职能中的实体性部分,或者说是执法职责中的实体性部分,即宏观调控类执法职能,市场监管类执法职能,公共服务类执法职能,社会管理类执法职能,环境保护类执法职能。

二、以政府职能定组织

以政府职能为根据,确定执法实体性总体职能后,就要根据执法职能确定执法组织,最终形成执法组织体系。职责是职能的范围,职权是实现职能的手段,职权在职能的职责范围内行使。因职权和职责是职能的两面,以职能确定组织的过程,实际上就是形成执法体制的过程。执法组织的确定，首先是要确定执法组织的总体数量、层级、条件等，这里的执法条件，是指某类或某一执法组织承担一定职能，所应具备的最低人员、知识、物质等的保障。这一阶段的确定，要充分考虑现有执法体制的问题、结构，充分体现执法体制改革要求。其次，总体的数量、层级、条件确定以后，就进入确定具体的执法组织阶段，也就是确定特定执法组织的"三定"规定、"三定"方案阶段。确定具体执法组织，应当综合考虑其所承担职能的多少，该执法组织以及有关职能的历史沿革，各执法组织之间职能配合衔接关系等因素。这一阶段特别要注意的是，作为整体的政府的行政职能与法定职能，在具体的执法组织确定时，不能出现落空的现象。最后的阶段，就是依照"三定"规定、"三定"方案组建具体的执法组织。

在实际上，组建的具体执法组织，往往并非单纯履行执法职能的组织。我们所称的执法组织，是指具有执法职能的组织，而不是说仅有执法职能的组织。设立一个以行政为目的的组织，通常是综合性、多任务的，这符合经济和效率原则。同时，设立一个行政组织（不仅仅是指严格意义上的行政机关，执法组织也不仅限于行政机关），基本的目的是解决其职能对应的社会问题，这时，执法工作（含执法制度与执法办案，前者是整体解决，后者是具体解决）是解决社会问题的方式。按照在法治轨道上推进国家治理体系和治理能力现代化要求，行政组织解决社会问题，都应当采用法治方式，主要是行政执法方式，从这个角度来说，履行外部行政职能的组织，都应当是执法组织。

三、以组织职能定依据

完成组建特定的执法组织之后，就应当按照该组织"三定"规定、"三定"方案所确定的组织职能，或者说组织职责，来确定执法依据。确定执法依据，在法律形式上，就是明确执法组织所要执行的法典和法条，在法律内容上，就是明确执法组织所要执行的法律原则和法律规范。有的法律规定，由多个执法组织来执行，那这个法律，就是这些个具体的执法组织共同的执法依据。这里要特别注意的是，正如在"行政执法体制"节中所述，不能将法典中以法律概念规定的"主管部门"，等同于现实中执法组织的名称，或者说现实中某个具体的执法组织。法典中所谓的"主管部门"，是指现实中，具有主管某一类事项的职能职责的执法组织，一方面是类的概念，另一方面指向组织职能职责。某一特定执法组织，是否为某一法典所指的"主管部门"，能否以该法典为依据，要依照该特定执法组织"三定"规定来判断，以其职能职责对应法律所规定的主管领域，而不是看这个执法组织的名称。这样，才可能正确确定执法依据。

如前所述，作为行政组织的执法组织，通常并非单纯履行执法职能，这样，就会出现下列情况。在其职能之内有要处理的社会事物，而这种事物法律又没有作出规定，此时，如果执法组织有立法权，应当立法并以此为依据，没有立法权，要么建议立法，要么就要依法制定有关执法措施、执法制度，并以此为依据，而不是放任不管。这是以组织职能定依据的另一层含义。

到这一步，对于执法组织的定义，才算确切。有了执法依据，我们才可以确切地说，这个组织是执法组织，具有执法职能、执法职权和执法职责。

定职能、定组织、定依据，是实现依法依理执法的前提。

四、以执法依据定事项

执法是将法律具体化到社会中的人、事、物，仅仅确定了执法依据，相对于执法办案，显然还不够具体，需要进一步，以执法依据定执法事项，这个过程也是执法组织具体确定执法职权的过程。执法事项在法律形式与法律内容上，主要指向法律内容中的法律规范，在程序法与实体法上，主要指向实体法，但依据程序法分类。执法事项是由执法依据规定的，作为规定，它不像执法决定那样指向具体的、确定的人、事、物，仍然是类的概念。

科学确定执法事项，或者说科学确定执法事项的划定标准，要综合考虑依据体系和执法水平，此两者对确定执法事项具有客观规定性。考虑执法依据体系，就是要弄清某一执法依据体系到底规定了多少个执法事项，这里的标准是法律规范（而不是法条，法律规范是内容性的、跨法典的，以规范定事项涉及法条拆合，体现立法角度与执法角度理解法律的不同之处），一个法律规范是对一个事项的规定。执法事项作为规定，以不同类的标准可以确定为不同类的事项，如以执法决定的性质区分，可以分为行政处罚事项、行政许可事项、行政强制事项等。以同一种类的标准，还有大类、小类的区分，特别是实体法规定的实体性事项。大类事项要复杂些，对执法办案来说就难一些，小类事项要简单些，对执法办案来说就容易些，这个时候就必须考虑，办理这些执法事项的执法人员执法水平，执法水平高，可以以大类标准定事项，执法水平低，就应当以小类标准定事项。

执法事项上接执法职能、组织、依据，下连执法要件、案件，是实现依法依理执法的中枢，科学、正确地确定执法事项非常重要。确定执法事项不能为了数据漂亮，而随意合并同类，更不能为了形式上减少执法事项，而搞物理合并，包括行政许可事项。减少执法事项的根本，在减职能、减依据、减组织，而不在执法事项本身。

五、以执法事项定要件

确定执法事项的要件要素，是依法依理执法的关键。每一执法事项，都对应着一个执法案件。要依法依理执法，就必须依照法律规定，正确确定每一执法事项的要件要素，并将这些要件要素落实到具体的执法案件中。这一要求所体现的原则，我们称之为依法执法原则。将裁量的要件予以固定、细化量化，并落实到具体的执法案件中，我们称之为依理执法（依理执法之一），广义的涵盖于依法执法原则之中。

确定执法事项的要件要素，是通过分析规定执法事项的法律规范实现的。因法律规范的表现形式是法典、法条、法律语词，所以我们也可以说是分析法典、法条、法律语词实现的。执法事项的要件要素，是全要件要素概念。从要件体系上区分，可以归结为执法组织方面的要件与执法相对人方面的要件这种双层结构,从这个角度,我们可以说执法要件是"两要件"。在执法组织要件方面,共有六个要件,即组织、依据、根据、证据、理由、决定,理由是程序性要件,其他五个是实体性要件,我们也可以称实体性要件为要素。从这个角度来说,执法要件是"六要件"。在执法相对人方面,可以有行为时间、行为地点、行为意识、行为主体、实行行为、行为对象、行为结果、因果关系等要件,具体有哪些,要依照规定。执法相对人方面的要件,是对执法组织要件中的根据要件的分解,包含于执法组织角度要件之中。从要件表现形式区分,可以区分为法律要件、行政要件、物质要件。法律要件是由法律、法规、规章规定的要件,行政要件是由执法制度、执法措施,特别是以行政规范性文件为表现形式的执法制度、措施规定的要件。物质要件是办理特定执法事项,必须具备的物质条件。此外,从不同的角度,执法要件还有很多不同的分类。为确保依理执法,我们还必须依照裁量基准,将裁量要件确定于执法事项之中。

实体性要件主要由实体性执法依据规定,程序性要件主要由程序性执法依据规定,两种要件同等重要,都要在执法案件中加以落实。

分析和确定执法要件,是保证依法依理执法最重要的工作,也是一项涉及理论的复杂工作,基于本书主旨、节省篇幅,这里对具体的分析和确定执法要件的方法不再展开,可以参阅我的另外两本书。

执法要件是制定执法文书、流程、案卷的基础,执法流程是执法要件的排列,执法文书、案卷是执法要件的表述。

六、以执法要件定案件

执法案件与执法办案同义,前者侧重静态、后者侧重动态。执法办案与抽象立法上的执法行为同义。在执法上,以执法角度为本位,所有的执法行为问题,都按照执法办案问题提出,所有的执法行为问题,都按照执法办案问题解决,所有的执法行为都应当案件化,并最终案卷化,执法就是办案,办案就是执法。

到了执法案件这一步,执法活动就从规范上的执法职能、组织、依据、事项、要件,变成了事实上的执法办案。执法办案的过程,就是执法组织对应执法事项,将执法要件落实于执法案件之中的过程。在执法要件落实的方法上,有证据方法、推理方法、认知方法等(具体方法参阅另外两本书,原因同上),最终形成一个执法决定。每一个执法事项,意味着一个或数个规定上的执法决定。每一个执法案件,意味着一个或数个事实上的执法决定。

以执法要件定案件的含义,就是执法要件对执法办案具有规定性。只有围绕执法要件办案,才可能实现依法依理执法。

确定执法职能、组织、依据、事项、要件、案件,并使之相统一的过程,就是保证依法依理执法的过程,这个过程,也是体现第一节我们讨论的两个执法观念转变的过程。

在实践中,当我们谈到执法办案对不对的问题时,主要是指他是否依法依理,当我们谈到好不好的问题时,就不单纯指他是否依法依理,而是同时指他是否为人民所满意,指他是否达到了严格规范公正文明。达到人民群众、党和政府、法律规定要求，就是办好案，此外，这些要求中，还蕴含着执法组织应当积极履行执法职责，即要多办案，防治执法不作为。从执法组织角度落实行政执法要求，就是要办好案、多办案。

行政执法要求，应当而且大部分也能够转化为执法制度、措施，转化为执法技术规范，便于执法组织、人员明确知道如何执法办案就是对，如何就是好，这对防范化解执法风险意义重大。但是，基于某些原因，有些要求并未转化为具体的执法制度、措施，这时候，就需要执法组织、执法人员在提高综合素质的基础上，结合具体的案情和有关情况，将有关要求在执法办案中准确落实，实现办好案、多办案。

·下 篇·
行政执法办案要件、流程、文书

第五节　行政处罚要件、流程、文书

从本节开始，着重讨论已被现行行政处罚法、行政强制法、行政许可法明确规定的执法办案实务，从要件、流程、文书三个主要的方面展开讨论。

以下各节所分析的执法要件，以现行行政处罚法、行政强制法、行政许可法设定的要件为准，主要从执法组织角度分类分析（分类的含义请参考我的另外两本书），这是因为，行政程序法主要是规定执法组织角度要件的法。为了便于实务使用，也对这三部法所规定的，部分重要的相对人角度要件作了分类分析。在运用这些要件执法办案时，要注意与相关部门法、实体法所设定的要件相结合，特别是与其设定的、相对人角度的要件相结合。除上述法律要件外，在执法办案时，也应当注意在案件中落实行政要件，在执法办案前，当然也需具备执法办案的物质要件。此外，还需注意推定的要件。总之，执法要件是全要件要素概念。为全面理解要件，能够使用法典中的法条、法律语词原文表述的，均采用。

本书所归纳的要件，有些是行政执法学意义上的案件构成要件，其中的决定构成要件和执行构成要件可以再行细分。

除执法要件外，以下各专题还讨论了执法文书、流程。只有从执法要件的高度理解和把握执法流程、执法文书，才能正确理解、使用执法流程、执法文书。执法流程是执法要件的排列，执法文书是执法要件的表述，他们都以执法要件为中心。在执法办案中，执法要件、流程、文书，相互联系、相互依存、相互贯通，通过要件可以解释流程、文书，通过流程可以解释要件、文书，通过文书可以解释要件、流程。

执法人员学习法律的目的，不是要知道法律是什么，而是如何将法律落实到执法办案中。以执法要件理解学习法律，是执法专业思维，不同于普法的那种平面的、孤立的、纸面上的、按条目顺序的解读学习法律法条背景、含义方式。执法人员应当以执法要件这种立体的、联系的、案件式的、逻辑的方法，来理解学习法律等执法依据，只有这样，才可能有效实施法律，才可能高质量执法办案。

本节用三个专题，分别讨论行政处罚要件、流程、文书。

第一题　行政处罚要件

本题分析现行行政处罚法设定的执法要件。现行行政处罚法，不仅设定了行政处罚要件，也设定了行政检查、行政命令要件，在本题中一并讨论。本题所讨论的要件，都是行政执法学意义上的，作出各类与行政处罚有关的执法决定的要件。

为了便于在执法办案中运用执法要件，以及表述的方便，避免大面积的重复，基础决定要件之间会有一定重复，非基础决定的要件会大幅省略，在使用非基础决定要件时，应注意与基础决定要件综合。行政强制要件、行政许可要件同。

一、实行简易程序的当场给予行政处罚要件（可以）

（一）构成要件

1. 组织要件

（1）执法组织具有对特定违法行为的处罚职权。

事项管辖。依执法组织的"三定"规定等和法律、法规、规章的规定，执法组织具有对特定违法行为的处罚职权，即该处罚事项在本组织的执法事项（权责事项）清单内。（第十七条①、第十八条、第十九条、第二十条、第二十三条、第二十四条等。法律、法规、规章依法设定处罚事项，该事项由行政机关管辖的，依法律、法规、规章，由非行政机关的执法组织管辖的，依法律、法规。下同）

时效管辖。依照行政处罚法以外的法律、法规、规章的规定确定。没有规定的，执法组织既可以对其成立后发生的违法行为进行处罚，也可以对其成立前发生的违法行为进行处罚。

地域管辖。违法行为发生在执法组织管辖区域内。法律、行政法规、部门规章另有规定的，从其规定。（行政处罚法对事项管辖的直接限定，第二十二条等）

对人管辖。本国公民、法人和其他组织有违法行为，依法当场处罚。外国人、无国籍人、外国组织有违法行为，依法当场处罚，法律另有规定的除外。（行政处罚法对事项管辖的直接规定，第四条、第八十四条等）

级别管辖。依照行政处罚法以外的法律、法规、规章等执

---

① 本题所称条款，除特别标注外，均为现行行政处罚法条款。

法依据规定确定。没有规定的，具有行政处罚事项管辖权的执法组织均可管辖。

指定管辖（可选要件）。如发生管辖争议，协商不成，共同的上一级行政机关指定本执法组织管辖。（行政处罚法对事项管辖争议的直接规定，第二十五条等）

依照第十九条规定，法律、法规授权的具有管理公共事务职能的组织可以在法定授权范围内实施行政处罚。这说明，行政处罚组织包括具有处罚职权的行政机关，以及法律、法规授予处罚职权的、具有管理公共事务职能的组织。下同。

（2）执法人员符合规定。

具有执法资格。当场处罚由具有行政执法资格的执法人员实施。（第四十二条等）

符合法定人数。实施当场处罚的执法人员不得少于两人，法律另有规定的除外。（第四十二条等）

2. 依据要件

具有合法的法律、法规、规章的依据。（第四条、第十条、第十一条、第十二条、第十三条、第十四条、第十六条、第三十四条、第五十一条、第五十二条等）

具有公开的法律、法规、规章的依据。（第四条、第五条、第三十四条、第五十一条、第五十二条等）

具有有效的法律、法规、规章的依据，有效期间即为依据时效。（第四条、第三十七条等）

3. 根据要件

具有清楚的事实根据。（第五条、第四十条等。事实清楚，

就是相对人角度行政处罚构成要件事实清楚，类似表述不再解释）

具有确凿的事实根据。（第五条、第五十一条等。此要件与证明标准直接相关，在这里就是证明相对人角度行政处罚构成要件事实要达到确凿的程度，类似表述不再解释）

根据要件，对应相对人角度给予行政处罚要件，见下述。

4. 证据要件

具有合法的证据。（第四十六条等）

具有真实的证据。（第四十六条等）

具有充足的证据。（第四十条等）

5. 理由等程序要件（程序即要素之间的关系，下同）

（1）具有处罚理由（组织、依据、证据、根据、决定之间的逻辑关系，下同）。（第四十四条等）

（2）审核（可选要件）。

电子技术监控设备及其设置审核。依照法律、行政法规规定利用电子技术监控设备收集、固定违法事实的，应经法制和技术审核，确保电子技术监控设备符合标准、设置合理、标志明显，设置地点向社会公布。（第四十一条、第四十六条等）

电子技术监控设备记录审核。以电子技术设备记录为当场处罚证据，应进行真实性、清晰性、完整性、准确性审核，未经审核或者经审核不符合要求的，不作为当场处罚证据。（第四十一条、第四十六条等）

（3）回避（可选要件）。执法人员与当场处罚的案件有直接利害关系，或者有其他关系可能影响公正执法的，予以回避。（第四十三条等）

（4）亮证。当场作出处罚决定的，向当事人出示执法证件。（第五十二条等）

（5）告知。当场作出处罚决定前，向当事人告知拟作出的处罚决定内容及事实、理由、依据，并告知当事人依法享有的陈述、申辩等权利。（第四十四条等）

（6）听取与复核。

听取意见。告知拟作出的当场处罚决定后，充分听取当事人陈述、申辩，或者不陈述、申辩的意见。（第四十五条等）

进行复核（可选要件）。除当事人明确放弃陈述申辩外，对当事人提出的事实、理由和证据，进行复核，成立的，予以采纳。（第四十五条等）

（7）填写。当场填写预定格式、编有号码的处罚决定书。（第五十二条等）

（8）交付与注明。

交付。当场将处罚决定书交付当事人。（第五十二条等）

注明（可选要件）。当事人拒绝签收的，在当场处罚决定书上注明。（第五十二条等）

（9）备案。将当场处罚决定报所属执法组织备案。（第五十二条等）

6. 决定要件

（1）决定性质：行政处罚是指行政机关依法对违反行政管理秩序的公民、法人或者其他组织，以减损权益或者增加义务的方式予以惩戒的行为。（第二条等）

（2）决定采用书面形式。（第五十二条等）

(3) 当场决定。(第五十一条等)

(4) 由执法人员代表执法组织作出决定。(第五十二条等)

(5) 决定内容为：对公民处以二百元以下、对法人或者其他组织处以三千元以下罚款或者警告。法律另有规定的，从其规定。(第五十一条等)

(6) 决定书要素为：当事人的违法行为，处罚的种类和依据、罚款数额、时间、地点，申请行政复议、提起行政诉讼的途径和期限以及执法组织名称，执法人员签名或者盖章。(第五十二条等)

(二) 法律特别规定的处罚阻却要件①

1. 对当事人的同一个违法行为，不得给予两次以上罚款的行政处罚。(第二十九条等)

2. 违法行为构成犯罪，人民法院已判处罚金，执法组织尚未给予当事人罚款的，不再给予罚款。(第三十五条等)

3. 当事人有违法所得，依法应当退赔的款项低于违法所得，此时，不应以简易程序当场处罚，应转入普通程序进行处罚，没收违法所得。(第二十八条、第五十一条等)

(三) 法律特别规定的非处罚要件类的与处罚要件有关的执法要件

1. 给予处罚，应当责令当事人改正或者限期改正违法行为。(第二十八条等，具有责令退赔含义，且退赔款项等于或者高于

---

① 注意：为节省篇幅和体例完整，此处并未列出与构成要件相反的阻却要件，包括与相对人角度构成处罚要件相反的阻却要件，下同。关于阻却要件的具体含义和分类，请参阅《行政执法解释理论与实务技术操作：行政执法决定的方法》。

违法所得，联系上述阻却要件"3"）

2. 给予处罚，执法组织应当对当事人进行教育。（第六条等）

3. 不予处罚的教育。因当事人违法行为轻微并及时改正，没有造成危害后果，或者因当事人初次违法且危害后果轻微并及时改正，或者因当事人有证据足以证明没有主观过错，而不予处罚的，执法组织应当对当事人进行教育。（第六条、第三十三条等，不是所有的不予处罚都有权教育当事人，其要件之一是当事人具有实行行为，见相对人角度行政处罚要件，下同）

依照第四十二条第二款规定，执法人员应当文明执法，尊重和保护当事人合法权益。

构成要件、阻却要件在执法办案时，都应当查实、落实。法律特别规定的非处罚（强制、许可）要件类的执法要件在执法办案时应当落实。下同。

二、实行普通程序的给予行政处罚要件（应当）

（一）构成要件

1. 组织要件

（1）执法组织具有对特定违法行为的处罚职权。

事项管辖。依执法组织的"三定"规定等和法律、法规、规章的规定，执法组织具有对特定违法行为的处罚职权，即该处罚事项在本组织的执法事项（权责事项）清单内。（第十七条、第十八条、第十九条、第二十条、第二十四条等）

时效管辖。依照行政处罚法以外的法律、法规、规章的规定确定，没有规定的，执法组织既可以对其成立后发生的违法行为进行处罚，也可以对其成立前发生的违法行为进行处罚。

地域管辖。违法行为发生在执法组织管辖区域内，法律、行政法规、部门规章另有规定的，从其规定。（行政处罚法对事项管辖的直接限定，第二十二条等）

对人管辖。本国公民、法人和其他组织，有违法行为，依法处罚。外国人、无国籍人、外国组织有违法行为，依法处罚，法律另有规定的除外。（行政处罚法对事项管辖的直接规定，第四条、第八十四条等）

级别管辖。依照行政处罚法以外的法律、法规、规章等执法依据规定确定，没有规定的，具有行政处罚事项管辖权的执法组织均可管辖。

先立案管辖（可选要件）。违法行为其他执法组织也有管辖权，但本执法组织最先立案。（行政处罚法对交叉管辖事项的直接规定，第二十五条等，注意与当场处罚区别）

指定管辖（可选要件）。如发生管辖争议，协商不成，共同的上一级行政机关指定本执法组织管辖。（行政处罚法对事项管辖争议的直接规定，第二十五条）

（2）执法人员符合规定。

具有执法资格。处罚由具有行政执法资格的执法人员实施。（第四十二条等）

符合法定人数。实施处罚的执法人员不得少于两人，法律另有规定的除外。（第四十二条等）

2. 依据要件

具有合法的法律、法规、规章的依据。（第四条、第十条、

第十一条、第十二条、第十三条、第十四条、第十六条、第三十四条、第五十九条等）

具有公开的法律、法规、规章的依据。（第四条、第五条、第三十四条、第三十九条、第五十九条等）

具有有效的法律、法规、规章的依据，有效期间即为依据时效。（第四条、第三十七条等）

3. 根据要件

具有清楚的事实根据。（第五条、第四十条等）

具有确凿的事实根据。（第五条、第五十七条、第五十九条等）

根据要件，对应相对人角度给予行政处罚要件，见下述。

4. 证据要件

具有合法的证据。（第四十六条、第五十四条、第五十九条等）

具有真实的证据。（第四十六条、第五十四条、第五十九条等）

具有充足的证据。（第四十条、第五十四条、第五十九条等）

5. 理由等程序要件

（1）具有处罚理由。（第四十四条、第六十二条等，注意第六十二条与当场处罚的区别）

（2）立案。发现依法应当给予处罚的行为，符合立案标准的，应当及时立案。（第五十四条等，注意与当场处罚区别）

（3）调查。发现依法应当给予处罚的行为，须全面、客观、公正地调查，收集有关证据。调查的目的是通过取证查清违法事实，调查取证可以采取询问、抽样取证、证据先行登记保存方式。询问应当制作笔录。(第五十四条、第五十五条等，与当场处罚区别。依文义解释，询问、抽样取证、证据先行登记保存决定，包括行政检查决定，并非只能在调查期间实施，或者说并非必须立案后才可实施，只要符合相应要件，即可实施，这些决定要件，本题未分析的，可参考本题分析方法自行分析。依体系解释，一旦调查，就应适用普通程序)

（4）检查（可选要件）。必要时，依照法律、法规的规定，进行检查。检查应当制作笔录。(第五十四条等，注意与当场处罚区别)

（5）回避（可选要件）。执法人员与案件有直接利害关系或者有其他关系可能影响公正执法的，应予以回避。当事人提出回避申请的，行政机关应当依法审查，由行政机关负责人决定。决定作出之前，不停止调查。(第四十三条等，注意第四十三条第三款与当场处罚区别。依文义解释，当事人申请回避不适用简易程序，简易程序不存在调查程序)

（6）亮证。在调查或者进行检查时，主动向当事人或者有关人员出示执法证件。(第五十五条等，注意与当场处罚区别)

（7）审核（可选要件）。

重大处罚决定法制审核。具备法定情形，在作出处罚决定之前，由从事处罚决定法制审核的人员进行法制审核，未经法制审核或者审核未通过的，不作出决定。(第五十八条等，注意与当场处罚区别)

电子技术监控设备及其设置审核。依照法律、行政法规规定利用电子技术监控设备收集、固定违法事实的,应经法制和技术审核,确保电子技术监控设备符合标准、设置合理、标志明显,设置地点向社会公布。(第四十一条、第四十六条等)

电子技术监控设备记录审核。以电子技术设备记录为处罚证据,应进行真实性、清晰性、完整性、准确性审核,未经审核或者经审核不符合要求的,不作为处罚证据。(第四十一条、第四十六条等)

(8) 告知。

告知听证权(可选要件)。拟处罚决定内容属法定内容的,作出处罚决定前,告知当事人有权要求听证。(第四十四条、第六十三条等,注意与当场处罚区别)

告知拟作出的处罚决定。作出处罚决定前,向当事人告知拟作出的处罚决定内容及事实、理由、依据,依法享有的陈述、申辩等权利。(第四十四条、第六十二条等)

(9) 听证(可选要件)。告知听证后,当事人在五日内提出听证要求的,依法组织听证。(第六十三条、第六十四条等,注意与当场处罚区别)

(10) 听取与复核。

听取意见。告知拟作出的处罚决定后,充分听取当事人陈述、申辩,或者不陈述、申辩的意见。(第四十五条、第六十二条等,注意第六十二条与当场处罚区别)

进行复核(可选要件)。除当事人明确放弃陈述申辩外,对当事人提出的事实、理由和证据,进行复核,成立的,予以采

纳。(第四十五条、第六十二条等,注意第六十二条与当场处罚区别)

(11) 审查或讨论。

审查决定。调查终结,执法组织负责人对调查结果审查,依法作出决定。(第五十七条等,注意与当场处罚区别)

集体讨论决定(可选要件)。对情节复杂或者重大违法行为给予行政处罚,执法组织负责人集体讨论决定。(第五十七条等,注意与当场处罚区别)

(12) 交付或送达。

交付。处罚决定书在宣告后当场交付当事人。(第六十一条等,注意与当场处罚区别)

送达(可选要件)。当事人不在场的,依照《中华人民共和国民事诉讼法》的有关规定,将处罚决定书送达当事人。(第六十一条等,注意与当场处罚区别)

(13) 期间。

证据先行登记保存期间。自证据先行登记保存之日起,七日内对该证据作出处理决定。(第五十六条等,注意与当场处罚区别)

听证期间。在举行听证的七日前,通知当事人及有关人员听证的时间、地点。(第六十四条等,注意与当场处罚区别)

办案期间。自立案之日起,九十日内作出处罚决定。法律、法规、规章另有规定的,从其规定。(第六十条等,注意与当场处罚区别)

决定书送达期间。自决定作出之日起,七日内将决定书送

达当事人。(第六十一条等,注意与当场处罚区别)

行政处罚法第八十五条规定,本法中"二日""三日""五日""七日"的规定是指工作日,不含法定节假日。

民事诉讼法第八十五条规定,期间以时、日、月、年计算。期间开始的时和日,不计算在期间内。期间届满的最后一日是法定休假日的,以法定休假日后的第一日为期间届满的日期。期间不包括在途时间。下同。

6. 决定要件

(1) 决定性质:行政处罚,是指行政机关依法对违反行政管理秩序的公民、法人或者其他组织,以减损权益或者增加义务的方式予以惩戒的行为。(第二条等)

(2) 决定采用书面形式。(第五十九条等)

(3) 决定根据。

根据调查结果作出决定。调查终结,对调查结果审查,依法作出决定。(第五十七条等,注意与当场处罚区别)

根据听证笔录作出决定(可选要件)。依法实行听证的,根据听证笔录作出决定。(第六十五条、第五十七条等,注意与当场处罚区别)

(4) 由执法组织负责人作出决定。

负责人决定。调查终结,执法组织负责人对调查结果审查,依法作出决定。(第五十七条等,注意与当场处罚区别)

负责人集体决定(可选要件)。对情节复杂或者重大违法行为给予行政处罚,执法组织负责人集体讨论决定。(第五十七条等,注意与当场处罚区别)

(5) 决定内容为：警告、通报批评；罚款、没收违法所得、没收非法财物；暂扣许可证件、降低资质等级、吊销许可证件；限制开展生产经营活动、责令停产停业、责令关闭、限制从业；行政拘留；法律、行政法规规定的其他行政处罚。（第九条等，注意与当场处罚区别）

依照第十八条第三款规定，限制人身自由的行政处罚权只能由公安机关和法律规定的其他机关行使。

(6) 当事人有违法所得，除依法应当退赔的外，予以没收。（第二十八条等，注意与当场处罚区别）

(7) 决定书要素为：当事人的姓名或者名称、地址；违反法律、法规、规章的事实和证据；行政处罚的种类和依据；行政处罚的履行方式和期限；申请行政复议、提起行政诉讼的途径和期限；作出行政处罚决定的行政机关名称和作出决定的日期；盖有作出处罚决定的执法组织印章。（第五十九条等，注意与当场处罚区别）

（二）法律特别规定的处罚阻却要件

1. 对当事人的同一个违法行为，不得给予两次以上罚款的行政处罚。（第二十九条等）

2. 违法行为构成犯罪，人民法院已判处罚金，执法组织尚未给予当事人罚款的，不再给予罚款。（第三十五条等）

（三）法律特别规定的非处罚要件类的与处罚要件有关的执法要件

1. 给予处罚，应当责令当事人改正或者限期改正违法行为。（第二十八条等）

2. 给予处罚,执法组织应当对当事人进行教育。(第六条等)

3. 不予处罚的教育。因当事人违法行为轻微并及时改正,没有造成危害后果,或者因当事人初次违法且危害后果轻微并及时改正,或者因当事人有证据足以证明没有主观过错,而不予处罚的,执法组织应当对当事人进行教育。(第六条、第三十三条等)

依照第四十二条第二款规定,执法人员应当文明执法,尊重和保护当事人合法权益。

三、相对人角度给予行政处罚要件

(一)构成要件(重要的要件与执法组织角度要件作了关联)

1. 行为时间要件

(1)依据时效。实行行为发生在处罚依据有效期内,且涉及新法旧法衔接适用时,新法认为该实行行为是应予处罚的行为。(第四条、第三十七条等)

(2)处罚时效。实行行为自发生或者终了之日起,到被发现,在两年内;实行行为涉及公民生命健康安全、金融安全且有危害后果的,自发生或者终了之日起,到被发现,在五年内。法律另有规定的除外。(第三十六条等)

2. 行为地点要件

实行行为发生地属执法组织管辖区域,法律、行政法规、部门规章另有规定的,从其规定。(第二十二条等)

3. 行为意识要件

年龄状况(可选要件)。行为主体为个人,实行行为时须年

满十四周岁。(第三十条等)

智力状况（可选要件）。行为主体为个人，实行行为时属智力正常人，或者精神病人、智力残疾人在能辨认且能控制自己行为时有实行行为，或者间歇性精神病人在精神正常时有实行行为。(第三十一条等)

主观过错。行为主体对其实行行为具有主观过错。行为主体有证据足以证明没有主观过错的，不予行政处罚。法律、行政法规另有规定的，从其规定。(第三十三条等，应注意的是，尽管主观过错要件的举证责任和证明责任在行为主体，但是，执法组织通过证据、推定、认知，能够证明行为主体没有主观过错的，亦不构成处罚。执法组织、行为主体都不能证明没有主观过错的，推定行为主体有主观过错)

4. 行为主体（当事人，违法行为人，违法嫌疑人，被处罚人）要件

实行行为人属处罚依据所规定的个人或者单位。(第四条、第八十四条等)

5. 实行行为要件

（1）实际实行。行为主体实际实行了处罚依据所规定的、应当处罚的行为。(第四条、第八十四条等)

（2）属本执法组织管辖事项。该行为属本执法组织管辖事项，或者属先立案管辖事项、被指定管辖事项。(第十七条、第二十五条等)

6. 行为对象要件（可选要件）

实行行为直接作用于处罚依据所规定的、具体的物、人身

人格、行为、精神产品等。(第四条、第八十四条等)

7. 行为结果要件(可选要件)

实行行为产生了处罚依据所规定的后果。(第四条、第三十三条、第八十四条等)

8. 因果关系要件(可选要件)

实行行为是行为结果的原因。(第四条、第八十四条等)。等。

(二) 法律特别规定的阻却要件

1. 违法行为轻微并及时改正,没有造成危害后果的,不予行政处罚。(第三十三条等)

2. 违法行为轻微,依法可以不予行政处罚的,不予行政处罚。(第五十七条等。这一要件规定在普通程序中,依体系解释只适用于实行普通程序的行政处罚,但是根据立法精神,在简易程序中,依法可以不予处罚的,也应当不予处罚。这一要件在行政处罚法中关联第三十三条第二句话,即"初次违法且危害后果轻微并及时改正的,可以不予行政处罚",即"首违不罚",其有三个要件,初次违法,危害后果轻微,及时改正)

以上法律特别规定的两个阻却要件,直接对行政处罚实体法的执行产生作用,即是满足行政处罚实体法规定的相对人角度行政处罚构成要件,又满足行政处罚法特别规定的阻却处罚要件的,不予处罚。有例外,不赘述。(立法法第九十条、第九十二条、第九十四条等)

以上实行简易程序的当场给予行政处罚要件、实行普通程序的给予行政处罚要件、相对人角度给予行政处罚要件三类要件，是完整的作出给予处罚决定的要件，也是作出与行政处罚有关的其他决定的基础性要件。为避免过多重复，下列其他与处罚有关的决定的要件，与基础性要件重复的，不再全部列出，可从上述这些基础性要件中抽取。

四、应当从轻或者减轻行政处罚构成要件

1. 构成处罚。（满足实行简易程序的当场给予行政处罚构成要件，或者满足实行普通程序的给予行政处罚构成要件，含满足相对人角度给予行政处罚构成要件，且无阻却要件，下同。第三十条、第三十二条等）

2. 具有下列要件之一：

已满十四周岁不满十八周岁的未成年人有违法行为的。（第三十条）

当事人主动消除或者减轻违法行为危害后果的。（第三十二条等）

当事人受他人胁迫或者诱骗实施违法行为的。（第三十二条等）

当事人主动供述执法组织尚未掌握的违法行为的。（第三十二条等）

当事人配合执法组织查处违法行为有立功表现的。（第三十二条等）

法律、法规、规章规定其他应当从轻或者减轻行政处罚的。（第三十二条等）

行政处罚法直接授权本决定，但须结合行政处罚法以外的法律、法规、规章规定的要件决定。

五、可以从轻或者减轻行政处罚构成要件

1. 构成处罚。（第三十一条等）

2. 尚未完全丧失辨认或者控制自己行为能力的精神病人、智力残疾人有违法行为的。（第三十一条等）

行政处罚法直接授权本决定，但须结合行政处罚法以外的法律、法规、规章规定的要件决定。

六、行政处罚予以立案构成要件（应当）

1. 实行行政处罚普通程序。（第五十一条、第五十四条等）

2. 执法组织对拟立案的违法行为具有管辖权。[条文参见实行普通程序的给予行政处罚要件，其中的执法组织具有对特定违法行为的处罚职权要件。除非法律另有规定，立案主体与处罚主体不能分离，谁立案、谁调查、谁处罚。实践中存在的同一案件立案、调查、处罚主体非同一执法组织，特别是执法人员非同一执法组织的执法人员（受委托执法可以）的情况，应予纠正]

3. 具有合法的、公开的、有效的立案依据。（含立案标准，条文参见实行普通程序的给予行政处罚要件，其中的依据要件）

4. 具有清楚的、确凿的立案根据。（条文参见实行普通程序的给予行政处罚要件，其中的根据要件，并参见相对人角度给予行政处罚要件。一般而言，只要具备实行行为的事实根据，

即可立案)

5. 具有合法的、真实的、充足的立案证据。(条文参见实行普通程序的给予行政处罚要件,其中的证据要件。这里对证据的要求,是对立案依据所规定的立案证据的要求,而不是对处罚证据的要求,一般而言,只要具备实行行为的证据,即可立案)

6. 具有立案理由等程序要件。主要是立案证据证明,存在的立案事实根据,是立案依据所规定的事实根据,且该事实根据,达到了立案依据所规定的作出立案决定的标准等。

7. 采用书面形式作出立案决定(依执法依据规定)。

实行普通程序的给予行政处罚阻却要件(不仅仅是法律特别规定的),部分具有阻却立案的功能。相对人角度给予行政处罚阻却要件,一般具有阻却立案的功能。存在立案阻却要件而立案,导致的结果通常是撤销案件,即撤销立案。

行政处罚法直接授权本决定,但须结合行政处罚法以外的法律、法规、规章规定的要件决定。

七、予以行政处罚听证构成要件(应当)

1. 实行行政处罚普通程序。(第五十一条、第六十三条等。行政处罚听证,广义上属行政处罚调查方式之一)

2. 拟给予处罚。(第六十三条等)

3. 告知听证。行政机关拟作出下列行政处罚决定之前,应当告知当事人有要求听证的权利:(第四十四条、第六十三条等)

较大数额罚款；

没收较大数额违法所得、没收较大价值非法财物；

降低资质等级、吊销许可证件；

责令停产停业、责令关闭、限制从业；

其他较重的行政处罚；

法律、法规、规章规定的其他情形。

4. 要求听证。当事人在执法组织告知听证后，五日内提出要求听证。（第六十三条、第六十四条等）

5. 通知听证。执法组织应当在举行听证的七日前，通知当事人及有关人员听证的时间、地点。（第六十四条等）

6. 公开听证（可选要件）。除涉及国家秘密、商业秘密或者个人隐私依法予以保密外，听证公开举行。（第六十四条等）

7. 听证参加人。

主持人。听证由执法组织指定的非本案调查人员主持。（第六十四条等）

调查人员。（第六十四条等）

当事人与委托代理人。当事人可以亲自参加听证，也可以委托一至二人代理。（第六十四条等）

8. 听证程序。

回避（可选要件）。当事人认为主持人、调查人员与本案有直接利害关系的，有权申请回避。（第六十四条、第四十三条等）

提议。调查人员提出当事人违法的事实、证据和行政处罚建议。（第六十四条等）

申辩和质证。当事人进行申辩和质证。(第六十四条等)

其他具体的程序见下述行政处罚听证流程示例,行政处罚案件听证笔录格式文书式样示例。

9. 听证笔录。听证应当制作笔录,笔录应当交当事人或者其代理人核对无误后签字或者盖章。当事人或者其代理人拒绝签字或者盖章的,由听证主持人在笔录中注明。(第六十四条等)

依照第六十四条第六项规定,当事人及其代理人无正当理由拒不出席听证或者未经许可中途退出听证的,视为放弃听证权利,执法组织终止听证。

行政处罚法直接授权本决定,但须结合行政处罚法以外的法律、法规、规章规定的要件决定。

八、行政处罚决定书送达构成要件(应当)

1. 处罚决定书由普通程序产生。(第六十一条等)
2. 当事人不在场。(第六十一条等)
3. 依照《中华人民共和国民事诉讼法》的有关规定送达当事人。(第六十一条等)
4. 期间。自决定作出之日起七日内,将处罚决定书送达当事人。(第六十一条等)

行政处罚法直接授权本决定,但须结合《中华人民共和国民事诉讼法》及其司法解释等规定的要件决定。

民事诉讼法、最高人民法院关于适用民事诉讼法的解释所规定的送达较为复杂,在应用于行政处罚决定书、其他执法文书送达之前,应当首先厘清直接送达、电子送达、留置送达、邮寄送达、公告送达顺序,以及每一种送达方式的要件要素。(详见下述行政处罚文书当事人送达地址确认书格式文书式样示例的说明)基于本节和本题主旨,下面仅举直接送达一例,分析有关要件要素,主要分析的是民事诉讼法规定的要件要素,其他送达方式要件要素的分析,可以参考。

行政处罚决定书直接送达构成要件

1. 实体要件

(1)送达人。作出处罚决定的执法组织。

(2)签收人。

作为受送达人的签收人。当事人,属个人的,由其本人签收,属单位的,由法人的法定代表人、其他组织的主要负责人或者该法人、组织负责收件的人签收。属军人的,由其所在部队团以上单位的政治机关转交后,由其本人签收。属被监禁的人,由其所在监所转交后,由其本人签收。属被采取强制性教育措施的人,由其所在强制性教育机构转交后,由其本人签收。

作为非受送达人的签收人。当事人为个人的,其同住成年家属。当事人的委托代理人、指定代收人。

(3)行政处罚普通程序产生的处罚决定书。

(4)送达回证。(要素见下述行政处罚文书送达回证格式文书式样示例)

2. 程序要件

(1)约定。约定送达时间、地点、方式。

（2）解释。向签收人、转交人解释送达意思、法律依据、签收义务、转交义务等。

（3）交付。向签收人、转交人交付所送达的处罚决定书。

（4）签收。由签收人在送达回证指定位置写明姓名或者盖章，写明签收日期，写明与受送达人关系。

（5）回收与记录。回收送达回证，并依照规定将送达过程予以记录。

（6）期间。自决定作出之日起七日内，将处罚决定书送达当事人。

九、实行简易程序的当场罚款予以当场依职权收缴构成要件（可以）

1. 已依照当场处罚构成要件作出当场罚款决定。（第六十八条等）

2. 罚款数额在一百元以下。（第六十八条等）

3. 执法人员认为不当场收缴事后难以执行。（第六十八条等）

4. 出具专用票据。向当事人出具国务院财政部门或者省、自治区、直辖市人民政府财政部门统一制发的专用票据。（第七十条等）

依照第七十一条规定，执法人员自当场收缴罚款之日起二日内，将罚款交至执法组织；在水上当场收缴的罚款，自抵岸之日起二日内交至执法组织；执法组织在二日内将罚款缴付指定的银行。

满足构成要件，执法人员可以作出当场收缴罚款的决定，向当事人提出当场收缴罚款的要求，但是，当事人拒绝当场缴纳的，应当依照处罚执行程序处理。

行政处罚法直接授权本决定。

当场罚款当场收缴，既可以依职权，也可以依申请，依申请要件见下。

十、实行普通程序的罚款依申请予以当场收缴构成要件（可以）

1. 已依照普通程序处罚构成要件作出罚款决定。（第六十九条等）

2. 限定区域。在边远、水上、交通不便地区。（第六十九条等）

3. 缴款困难。当事人到指定的银行或者通过电子支付系统缴纳罚款确有困难。（第六十九条等）

4. 当事人提出当场缴纳罚款。（第六十九条等）

5. 出具专用票据。向当事人出具国务院财政部门或者省、自治区、直辖市人民政府财政部门统一制发的专用票据。（第七十条等）

依照第七十一条规定，执法人员自当场收缴罚款之日起二日内，将罚款交至执法组织；在水上当场收缴的罚款，自抵岸之日起二日内交至执法组织；执法组织在二日内将罚款缴付指定的银行。

实行普通程序的罚款当场收缴只能依当事人申请。

行政处罚法直接授权本决定。

本构成要件将第一个要件替换为，已依照当场处罚构成要件作出当场罚款决定，即为实行简易程序的当场罚款当场依申请收缴构成要件，收缴罚款的数额不再受一百元数额限制，同于当场处罚决定书上的罚款数额。

十一、行政处罚法规定的予以行政检查构成要件（可以）

1. 组织要件

（1）执法组织具有对特定人身、财物等的检查职权。（具体依照本执法组织执行的检查法律、法规，参考上述实行普通程序的给予行政处罚要件相应要件分析方法分析要件，不再细述。第五十四条等）

（2）执法人员具有执法资格。执法人员在进行检查时，应当主动向当事人或者有关人员出示执法证件。（第五十五条等）

（3）不少于两人（可选要件）。实施处罚过程中实施检查，或者由检查入处罚，检查的执法人员不得少于两人，法律另有规定的除外。（第四十二条等）

2. 依据要件

具有行政处罚法以外的法律、法规依据。（第五十四条等）

具有合法的法律、法规依据。（立法法第八十七条、第八十八条、第九十条、第九十二条、第九十三条、第九十四条等）

具有公开的法律依据。（立法法第二十五条、第四十四条、第七十条、第七十八条等）

具有有效的法律依据。（依照行政处罚法以外的法律、法规

等执法依据规定确定，或者依法理决定行政检查的依据在其有效期间内）

3. 根据要件

具有清楚的、必要的事实根据。（依照行政复议法第二十八条，事实根据的最低要求是清楚。必要的事实根据依照行政处罚法以外的法律、法规等执法依据规定确定。第五十四条等）

4. 证据要件

具有合法的证据。（行政诉讼法第三十四条、第四十三条等）

具有真实的证据。（行政复议法第二十三条、第二十八条等）

具有充足的证据。（行政复议法第二十三条、第二十八条等）

5. 理由等程序要件

（1）具有检查理由。（组织、依据、证据、根据、决定之间的逻辑关系）

（2）回避（可选要件）。实施处罚过程中实施检查，或者由检查人处罚，检查的执法人员与案件有直接利害关系或者有其他关系可能影响公正执法的，予以回避。（第四十三条等）

（3）亮证。进行检查时，主动向当事人或者有关人员出示执法证件。（第五十五条等）

6. 决定要件

实施检查应当制作检查笔录。（第五十五条等）

依照第四十二条第二款规定，执法人员应当文明执法，尊重和保护当事人合法权益。

依体系解释，实施行政检查，并根据行政检查结果实施行政处罚的，应当实行行政处罚普通程序。在实行简易程序的当场处罚中，不能实施行政检查。

依体系解释，只要开展调查，就应当实行行政处罚普通程序。

行政处罚法不是行政检查法，规定的单纯的行政检查要件较少，实施行政检查时，应当根据具体的检查事项，依照行政处罚法以外的相应的法律、法规等执法依据的规定，参照实行普通程序的行政处罚要件来补充要件。实行行政处罚普通程序中的行政检查，应当落实上述要件和补充要件，并且落实实行普通程序的行政处罚要件，此时的行政检查是行政处罚的一个构成要件。不在行政处罚普通程序中的行政检查，可能导致处罚的，原则上同上。

当事人阻挠行政检查而强制检查的，属行政强制措施，依行政强制法等法律、法规分析要件。

行政处罚法并未直接授权本决定，而是以要件形式对其他法律、法规规定的本决定进行限制。

行政命令也属于一个独立的执法类型，其基础要件参照上述分析确定，不再赘述。

十二、行政处罚法规定的对当事人予以行政命令构成要件（应当）

1. 构成处罚。(第二十八条等)
2. 在给予处罚时，责令行为主体改正或者限期改正违法行为。(第二十八条等)

行政处罚法直接授权本决定，但须结合行政处罚法以外的法律、法规、规章规定的要件决定。

十三、行政处罚法规定的对监护人予以行政命令构成要件（应当）

1. 仅因相对人角度行为意识要件中的年龄状况、智力状况要件不满足，而不构成处罚，否则构成处罚。（第三十条、第三十一条）

2. 责令行为主体的监护人加以管教，或者严加看管和治疗。（第三十条、第三十一条）

行政处罚法直接授权本决定，但须结合行政处罚法以外的法律法规、规章规定的要件决定。

第二题　行政处罚流程

行政处罚流程，是行政处罚要件的排列。本题分析行政处罚法规定的、较为重要的、与行政处罚有关的流程。在使用这些流程时，应当将本执法系统、本执法单位关于执法流程、程序的规定融入其中，先分析这些流程、程序中的要件，再根据他们之间、他们与下列流程中的要件之间的法定、逻辑关系，将要件嵌入下列流程之中。调查查封扣押，更大程度上属于行政强制，将在行政强制流程中列出。

为表述方便，除了主干流程，其他流程采用文字方式叙述，在使用时可以转化为图表。下同。

一、实行普通程序的行政处罚流程示例

为了绘制和表述的方便，本流程并未列出上题所讨论的、所有实行普通程序的行政处罚要件，那些要件应当在绘制本执法组织流程时添加上。下同。

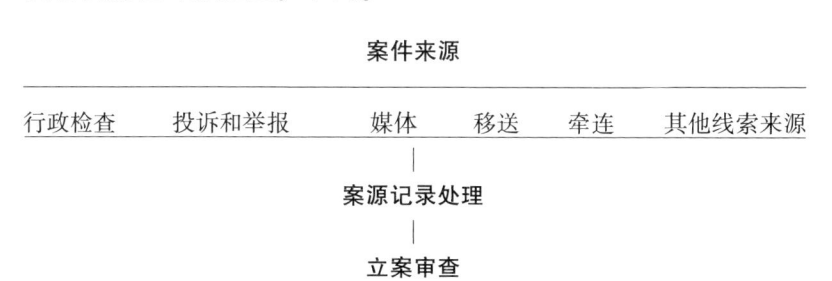

案件来源

| 行政检查 | 投诉和举报 | 媒体 | 移送 | 牵连 | 其他线索来源 |

案源记录处理

立案审查

无管辖权	有管辖权
属处罚事项　　不属处罚事项 按程序移送线索　告知相关人 并告知相关人	

| 不符合立案构成要件
不予立案
按程序制作不予立案决定书
针对移送、投诉举报等。针对当事人的决定书，在执法依据有规定时
｜
行政执法组织负责人审批
认为应当立案，写明明确理由，转入予以立案程序
｜
交付送达 | 符合立案构成要件
予以立案

行政执法组织负责人审批 |

| 认为不应当立案，写明明确理由，转入不予立案程序。认为应当以简易程序或其他方式处理，写明明确理由并指定承办人 | 批准立案，确定承办人（回避）
｜
承办人按程序制作并交付送达
立案决定书
针对移送、投诉举报等。针对当事人的决定书，在执法依据有规定时
｜
承办人调查取证 |

1. 根据处罚要件确定证据范围。主要是相对人角度要件。执法组织角度要件在办案前就应当明确，并在办案中落实。
2. 根据证据范围和证据要求制定调查取证方案。
3. 根据调查取证需要，确定调查询问、调查抽样取证、调查证据先行登记保存措施，依法确定调查检查、调查查封扣押措施等。
4. 分析确定各措施要件，在实施调查取证过程中加以落实。

存在给予处罚阻却要件	**符合给予处罚构成要件**
调查过程中，或者调查终结，通	调查终结，通过证据、推理、认知

过证据、推理、认知等方法证明，案件事实存在任一处罚阻却要件，含存在相对人、执法组织两个方面的任一阻却要件。承办人填写案件审核表，根据执法依据和事实根据，写明移送、中止、终止、撤销、不予处罚或其他处理意见等，附案卷送审

等方法证明，案件事实符合全部构成要件，含符合相对人、执法组织两个方面的全部构成要件。承办人填写案件审核表，根据执法依据和事实根据，写明拟处罚的决定内容具体意见等，附案卷送审

审核人审核

要件确定准确，并在案件中依法落实

出具审核通过意见后退回

要件确定不准确，或未在案件中依法落实

出具补充调查意见后退回

补充调查后再审核，仍不符合要求的，按规定处理

存在给予处罚阻却要件处理
承办人制作移送、中止、终止、撤销、不予处罚等决定书
因第三十三条不予处罚，写明教育内容

行政执法组织负责人审批
认为符合构成要件，写明明确理由，转入符合构成要件处理程序

承办人交付送达
除中止外，予以结案

符合给予处罚构成要件处理
承办人制作给予行政处罚告知书
含听证告知

行政执法组织负责人审批
认为存在阻却要件，写明明确理由，转入存在阻却要件处理程序

承办人交付送达

组织听证；听取、复核当事人意见
实行听证的，听证后依程序制作、审批、交付送达行政处罚事先告知书，并听取、复核当事人意见

重大处罚决定法制审核人员审核

审核内容同审人审核，附理由出具审核通过或者不通过意见。时限允许，可以出具补充调查意见。为保证案件质量，法制审核人员应提前介入，在机制上，可以将法制审核人员设置为审核人。本要件在重大处罚案件中不可省略

|
决定

行政执法组织负责人 集体讨论决定	行政执法组织负责人 审查决定
情节复杂或者重大违法行为，拟给予处罚的，由负责人集体讨论调查结果作出决定，实行听证的，根据听证笔录决定	非情节复杂或者重大违法行为，拟给予处罚的，由负责人审查调查结果作出决定，实行听证的，根据听证笔录决定

承办人根据决定结果，制作给予处罚、
不予处罚、移送司法机关决定书
因第三十三条不予处罚，写明教育内容

行政执法组织负责人根据决定结果审批

承办人交付送达

执行

当事人按期履行	当事人逾期不履行，依法采取行政强制执行措施	依法申请人民法院强制执行

结案

整理归档笔录、记录、文书、证据等，形成案卷

在使用本流程时，要根据各执法系统的不同规定，将各环节的时限，加以规定，下同。各执法系统规定的其他要件，应

当镶嵌在流程之中，下同。

二、调查询问流程示例

适用程序：依体系解释，调查询问适用于行政处罚普通程序。

法律授权：行政处罚法第五十五条第二款等。

询问准备
依照调查取证方案确定询问对象和询问提纲，准备询问文书等物质要件

|
确定地点及接触方式

| 到被询问人住所或工作场所询问 | 与被询问人协商确定询问地点 | 通知被询问人到指定地点询问 | 传唤违法嫌疑人（公安等有权机关） |

|
询问实施

实施程序为：
1. 由两名以上具有执法资格的人员实施询问。按照规定拍照、录音、录像（当事人陈述、证人证言）。
2. 向当事人或其他被询问人表明身份，出示执法证件，说明询问依据、理由、意思，告知当事人有依法申请执法人员回避的权利，告知当事人或其他被询问人有如实回答和协助询问、不得拒绝阻挠的义务。询问当事人是否申请回避。同时，开始制作询问笔录（当事人陈述、证人证言）。
3. 围绕案件要件进行询问。
4. 询问完毕，由当事人或其他被询问人复核询问笔录，无误后签署意见，签名或盖章。不能签名的，按手印。
5. 询问和询问笔录应当遵循询问规范和询问笔录制作规范。
6. 遵守其他规定。法律、法规、规章另有规定的，从其规定。

|
询问完结
将询问笔录等相关资料附卷归档

三、调查抽样取证流程示例

适用程序：依体系解释，调查抽样取证适用于行政处罚普通程序。

法律授权：行政处罚法第五十六条等。

抽样取证准备
依照调查取证方案确定抽样取证对象、方式等，
准备抽样取证文书等物质要件

|
抽样取证方式

| 自行抽样 | 委托检测、检验、鉴定等机构抽样 | 与检测、检验、鉴定等机构联合抽样 |

|
抽样取证实施

实施程序为：
1. 由两名以上具有执法资格的人员实施抽样取证。按照规定拍照、录音、录像（视听资料）。
2. 向被抽样取证物管控人及有关人员表明身份、出示执法证件。管控人非当事人的，通知当事人到场。当事人不到场的，邀请见证人到场。同时，开始制作抽样取证笔录（现场笔录）。
3. 向当事人或有关人员说明抽样取证依据、理由、意思，告知当事人有依法申请执法人员回避的权利，告知当事人和有关人员有协助抽样取证、不得拒绝阻挠的义务。询问当事人是否申请回避。
4. 由执法人员或检测、检验、鉴定等人员按照规定的规格、数量、方式等要求，进行现场抽样（被抽样物可以形成书证、物证，经鉴定，可以形成鉴定意见）。
5. 现场抽样完毕，由当事人（见证人）核对笔录，无误后签署意见，签名或盖章。执法人员签名或盖章。当事人拒绝或不到场的，执法人员在笔录上注明。
6. 抽样取证和抽样取证笔录应当遵循抽样取证规范和抽样取证笔录制作规范。

7. 抽样取证的费用，由执法组织承担。
8. 遵守其他规定。法律、法规、规章另有规定的，从其规定。

调查抽样取证完结
将抽样物留存作为证据使用，或按照规定送检
将抽样取证笔录等相关资料附卷归档

常规行政检查性质的抽样程序，依照法律、法规、规章的规定。

四、调查证据先行登记保存流程示例

适用程序：依体系解释，调查证据先行登记保存适用于行政处罚普通程序。

适用条件：在证据可能灭失或者以后难以取得的情况下等。

法律授权：行政处罚法第五十六条等。

证据先行登记保存准备
经执法组织负责人批准，准备证据先行登记保存文书等物质要件

证据先行登记保存实施

实施程序为：
1. 由两名以上具有执法资格的人员实施证据先行登记保存。按照规定拍照、录音、录像（视听资料）。
2. 向被证据先行登记保存物管控人及有关人员表明身份、出示执法证件。管控人非当事人的，通知当事人到场。同时，开始制作证据先行登记保存笔录（现场笔录）。当事人不到场的，执法人员在笔录上注明。
3. 向当事人或有关人员说明证据先行登记保存依据、理由、意思，告知当事人有依法申请执法人员回避的权利，告知当事人和有关人员有协助证据先行登记保存、不得拒绝阻挠的义务，告知当事人和有关人员有不得销毁或者转移被证据先行登记保存物的义务。询问当事人是否申请回避。
4. 由执法人员按照规定确定保存物的具体名称、位置、数量、规格等，确

定保存人及保存义务内容（书证、物证、视听资料）。
5. 确定完毕，由当事人（有关人员）核对笔录，无误后签署意见，签名或盖章。当事人拒绝或不到场的，执法人员在笔录上注明。
6. 向证据先行登记保存人当场交付或送达证据先行登记保存告知书。
7. 自证据先行登记保存之日起，七日内对被证据先行登记保存物作出处理决定。
8. 证据先行登记保存和证据先行登记保存笔录应当遵循证据先行登记保存规范和证据先行登记保存笔录制作规范。
9. 遵守其他规定。法律、法规、规章另有规定的，从其规定。

证据先行登记保存完结
将证据先行登记保存笔录等相关资料附卷归档

证据先行登记保存可以不邀请见证人，其不同于抽样取证，其并未剥夺管控人对物的所有或者占有。

五、行政处罚听证流程示例

适用程序：听证程序相对独立，但依照第六十五条规定，须与普通程序并用，其可以视为普通程序一个可选构成要件。

适用条件：见上述予以行政处罚听证构成要件。

法律授权：行政处罚法第五章第四节等。

听证准备

确定本执法组织非调查本案的、与本案无直接利害关系的、具有执法资格的人员为主持人，确定时间、地点、是否公开等事宜	举行听证七日前，向当事人及有关人员送达听证通知书，告知听证时间、地点。书面征询当事人是否申请主持人回避的意见，申请回避的，依法办理	应当公开听证的，制发听证公告，写明案名案由、听证意思、时间、地点、申请旁听程序等。准备其他物质要件

听证实施

实施程序为:
1. 由具有执法资格的听证主持人、案件调查人员,当事人及其委托代理人参加听证,根据听证需要,可以通知鉴定人、证人等参与听证。公开举行的听证,可以有旁听人。按照规定拍照、录音、录像(当事人陈述、证人证言)。
2. 由听证主持人宣布听证开始。同时,开始制作听证笔录。
3. 由听证主持人主持核对听证参加人、参与人身份。询问当事人是否申请听证主持人回避。当事人及其代理人无正当理由拒不出席听证的,视为放弃听证权利,由听证主持人在笔录中予以注明,并宣布终止听证。
4. 由听证主持人宣读听证依据、听证事由、听证纪律,说明听证程序、听证笔录的法律效力。
5. 案件调查人员提出当事人违法的事实、证据和行政处罚建议。
6. 当事人及其代理人进行申辩和质证(当事人陈述,同时,当事人可以提交其他有关证据)。当事人及其代理人未经许可中途退出听证的,视为放弃听证权利,由听证主持人在笔录中予以注明,并宣布终止听证。
7. 由听证主持人宣布听证结束。
8. 将听证笔录交当事人或其代理人核对无误后签字或盖章。拒绝签字或盖章的,由听证主持人在笔录中予以注明。

听证完结
将听证笔录等相关资料附卷归档

六、行政处罚法规定的行政检查流程示例

适用程序:依体系解释,与行政处罚有关的行政检查,适用于行政处罚普通程序。

适用条件:必要时等。其他要件参见上述行政处罚法规定的予以行政检查构成要件。

法律授权：行政处罚法第五十四条等。

检查准备

依照法律、法规，调查取证方案或行政检查方案
确定检查对象，准备检查文书等物质要件

检查实施

实施程序为：
1. 由两名以上具有执法资格的人员实施检查。按照规定拍照、录音、录像（视听资料）。
2. 向被检查物管控人及有关人员表明身份、出示执法证件。管控人非当事人的，通知当事人到场。同时，开始制作检查笔录（勘验笔录、现场笔录）。当事人不到场的，执法人员在笔录上注明。
3. 向当事人或有关人员说明检查依据、理由、意思，告知当事人有依法申请执法人员回避的权利，告知当事人和有关人员有协助检查、不得拒绝阻挠的义务。询问当事人是否申请回避。
4. 由执法人员按照调查取证方案、行政检查方案进行检查。在检查过程中，注意采集、固定、保存涉案证据（书证、物证、视听资料、电子数据）。在检查过程中，如需实施调查询问、调查抽样取证、调查证据先行登记保存、调查查封扣押等，依照相关流程进行。
5. 检查完毕后，由当事人（有关人员）核对笔录，无误后签署意见，签名或盖章。当事人拒绝或不到场的，执法人员在笔录上注明。
6. 对人身、住宅的检查，由有权机关依照法律的规定进行。
7. 检查和检查笔录应当遵循检查规范和检查笔录制作规范。
8. 遵守其他规定。法律、法规、规章另有规定的，从其规定。

检查完结
将检查笔录等相关资料附卷归档

第三题　行政处罚文书

执法格式文书式样是印制执法格式文书的标准。执法格式文书及其式样是执法要件的表述和指示。执法格式文书，经执法人员制作，具备各类要素，成为执法文书。执法文书是执法要件的表述。行政处罚文书、行政强制文书、行政许可文书等等，各种执法文书都是如此。

特定执法案件要件一定，相应的执法文书式样、执法格式文书中的格式语句，表述该案部分要件，空白待填部分，指示该案部分要件。特定式样和格式文书中，格式语句越多，预先表述的要件越多，执法人员在制作执法文书时就越省事，执法办案也越规范，但对于式样和格式文书来说，需要制作的种类就越多，适用的面也越窄，有的式样和格式文书很多年都用不上。式样多、格式文书多，对于执法人员学习掌握，以及使用时在其中选择，也是一种很重的负担。反之，则相反。关键在于结合特定执法系统、执法单位执法依据规定、执法办案实际、执法人员总体素质水平，适度的确定式样、格式文书种类数量，达到既能准确表述指示要件，提高执法效率，又能减轻执法负担的目的。这就需要努力提高执法格式文书式样制定技术水平。需要注意的是，在很多案件中，执法文书是不能表述该案全部要件的。

提高执法格式文书式样制定技术水平，就要深入研究格式语句与执法要件的关系。执法文书式样、执法格式文书中的格式语句，围绕执法要件，以必要为限，不必要的格式语句所指示的待填部分，会增加执法人员或当事人（多在依申请执法中）的负担。

执法要件可以格式语句表述，但未列入执法文书式样、执法格式文书中，又可能会导致执法人员或当事人在执法案件中缺失要件。

执法格式文书不能过于格式化，在准确表述执法要件意思的前提下，应当符合法律、行政行文要求，便于相对人理解、阅读。

执法格式文书式样的技术设计（要件与理念）、使用（要件与案情），将依照式样印制的执法格式文书，在执法办案中转变为具有表示执法决定效力的文书，是重要执法实务业务。本题根据行政处罚法，列出在行政处罚执法办案过程中经常使用的、主要的格式文书式样示例，示例后的说明，不仅说明式样示例本身，有的也部分说明相应处罚活动。为节省篇幅，说明中的内容仅作重点方面的提示，不同文书相同相似的提示，不予重复，在前面出现时，予以标注。常识性的问题，如对外执法文书应当写明制作机关名称全称，加盖公章等，在说明中不赘述，研究式样示例本身关于要件要素的表述和指示，即可知。

执法格式文书式样、格式文书、执法文书的制作应尽量符合党政机关公文格式国家标准，符合标点符号用法、数字用法等其他有关国家标准。

本题所列格式文书式样示例，各执法系统、执法单位在使用时，可根据具体情况进行拆分，可根据本系统、本单位执行的行政处罚实体法、其他行政处罚程序法设定的行政处罚要件进行修改、增删。使用时，在标题中应当加入本执法单位名称全称，对外执法文书应当在标题中加入执法主体名称全称等。

以上，与行政强制文书、行政许可文书有关的，在以后的章节中不再重述。

一、违法案件来源登记处理表格式文书式样示例

违法案件来源登记处理表

编号：_____

登记时间			年　月　日　时　分		
案源提供人	行政检查	姓名		执法证号码	
		姓名		执法证号码	
	投诉举报	姓名		身份证号码	
	媒体	名称			
	移送	名称			
	牵连其他	姓名		身份证号码	
联系方式					
是否要求回复					
案源登记内容				登记人： 　年　月　日	
案源处理意见				负责人： 　年　月　日	

续表

行政执法组织意见	
	负责人： 年　月　日

说明：

1. 本格式文书式样示例适用于违法案件来源登记处理表格式文书式样制作。

2. 有案源材料的，必须附有案源提供人提供案源的有关材料，对应相应栏目。

3. 行政执法组织人员应依法保守相关案源、案件秘密。下同。

4. 不需要填写的栏目以"/"划实。

5. 本格式文书式样示例，可根据本执法单位执法依据、执法办案实际情况改动。下同。

二、行政处罚事项内部审批表格式文书式样示例

_____审批表

编号：_____

当事人	姓名名称		法定代表人 负责人姓名	
	出生年月		联系方式	
	单　位			
	身份证号码及统一社会信用代码			
案　由		案源		案号

续表

事　项	□立案 □不予立案 □撤案 □检查 □抽样取证 □给予处罚……
依据根据 证据理由	承办人： 　　年　月　日
部门审查 意见	负责人： 　　年　月　日
法制审核 意见	负责人： 　　年　月　日
行政执法 组织意见	负责人： 　　年　月　日

说明：

1. 本格式文书式样示例适用于行政处罚事项的内部审批格式文书式样制作。可用于立案、证据先行登记保存、调查检查、调查抽样取证、告知、处罚决定等处罚案件事项的审批。标题空白处填写内容与事项勾选内容一致。

2. 必须附有与审批事项有关的材料，含违法案件来源登记处理表。已经形成案卷的，附案卷。

3. 有当事人简要情况。内容应规范全称。栏目限于具有执法意义的事项。身份证号码及统一社会信用代码栏目，当事人是个人的，填写其身份证号码或其他有效证件号码，后者须注明证件名称；当事人是单位的，填写其法定代表人或者负责人身份证号码或其他有效证件号码，该单位有统一社会信用代码的，一并填写，与证件号码用"；"隔开。下同。填表时，尚未掌握当事人有关情况的栏目，写明"待查"，不需要填写的栏目以"/"划实。

4. 有案由、案源（案件来源）、案号。案由依照立案依据或者执法依据的表述，写明案情中最主要的案件事实。案由必有当事人的实行行为，是否有其他相对人角度给予行政处罚构成要件，根据当时掌握的案情。在填写"结案审批表"或"强制执行审批表"等之前，案由前加"涉嫌"两字。立案批准时，以及立案后审批有关事项，应当填写立案编号。立案编号即案号，是特定执法案件最准确的指称，是特定执法案件的"身份证号码"，应当具有唯一性。

5. 有依据、根据、证据、理由。围绕审批事项（行政执法学上的决定，如立案）构成要件填写，不得缺项。法律依据、事实根据、确凿证据必须相互对应，三者与审批的事项构成理由逻辑关系。审批事项有时间、地点等其他要求的，在此处写明。（要件要素，如给予重大处罚审批表，写明"已经法制审核"等）案情特别复杂的，可以简要填写有关内容，同时指示相应的附卷页码所在。

6. 有部门审查意见。内设部门或下级部门负责人须写明"同意+事项"，或"不同意+事项"的意见。不同意的，围绕审批事项阻却要件或构成要件，写明理由。签名，写明日期。

7. 有法制审核意见。法制审核机构负责人须写明"同意+事项"，或"不同意+事项"的意见。意见与承办人、部门负责人意见相左时，围绕审批事项阻却要件或构成要件，写明理由。签名，写明日期。

8. 有行政执法组织意见。行政执法组织负责人须写明"批准+事项"，或"不批准+事项"的意见。意见与承办人、部门负责人、法制审核机构负责人意见相左时,围绕审批事项阻却要件或构成要件,写明理由。不批准的,写明处理方式。需指定批准事项或不批准事项办理人的,指定办理人。签名,写明日期。

三、询问笔录格式文书式样示例

询问笔录

时间:＿＿年＿月＿日＿时＿分至＿＿年＿月＿日＿时＿分
地点:＿＿＿＿＿＿＿＿＿＿＿＿
被询问人员姓名:＿＿＿性别:＿民族:＿身份证号码:＿＿＿
工作单位:＿＿＿＿＿＿职务或职业:＿＿＿＿电话:＿＿＿
住址:＿＿＿＿＿＿＿＿＿＿与调查事项关系:＿＿＿＿
询问人员姓名:＿＿＿＿、＿＿＿＿执法证号码:＿＿＿＿、＿＿＿
记录人员姓名:＿＿＿＿＿执法证号码:＿＿＿＿
表明身份,出示证件,说明询问依据、理由、意思,告知义务、权利记录:

×××(姓名)说:我们是＿＿＿＿＿＿＿的执法人员,这是我们的执法证件,请过目。因你与＿＿＿＿＿＿有关,依据《中华人民共和国行政处罚法》第五十五条的规定,我们＿＿＿位执法人员现对你进行询问,你有法律义务协助询问、如实回答询问,不得拒绝阻挠询问。/你作为当事人,有权依法申请询问人员、记录人员回避,有权依法监督我们的询问,你听清楚了吗?

被询问人答:＿＿＿＿＿＿＿＿＿＿＿＿＿＿＿＿＿

×××（姓名）问：我们的执法证件你都看清楚了吗？

被询问人答：_____

×××（姓名）说：/你作为当事人，是否申请询问人员、记录人员回避？如申请回避，请说明理由。

被询问人答：_____

×××（姓名）说：请简要说明你的个人情况。

被询问人答：_____

×××（姓名）问：_____

被询问人答：_____

……

记录人：被询问人员核对笔录。核对完毕。

被询问人员对笔录的意见：（经核对，记录准确无误）

被询问人员签名或盖章：　　　　　　　　　年　月　日

第　页（共　页）

说明：

1. 本格式文书式样示例适用于询问笔录格式文书式样制作。

2. 如实、连贯、全面、规范记录。

3. 有询问起止的时间、地点记录。

4. 有被询问人员基本情况记录。被询问人员所述其基本情况，与询问人员掌握的情况不一致的，以询问人员掌握的、有证据证明的情况为准填写。

5. 有询问人员、记录人员有关情况记录。

6. 有询问人员、记录人员表明身份，出示证件，说明询问依据、理由、意思，告知义务、权利记录。有被询问人员确认记录。

7. 有询问内容。围绕相对人角度给予行政处罚要件进行询问和回答，不得询问与案情无关的情况。

8. 逐页有被询问人员"经核对，记录准确无误"意见，被询问人员的签名或印章，被询问人员写明的日期。不能签名盖章的，按指印。执法依据有规定的,询问人员、记录人员逐页签名。

9. 每份询问笔录只能对应一个被询问人员、一次询问。必要时,可以对被询问人员进行多次询问,每一次询问都应当分别制作询问笔录。

10. 除法律另有规定外,询问人员不得少于两人。每个询问人员、记录人员的执法证件都须出示并记录。询问人员可以同时担任记录人员。

11. "/你作为当事人,有权依法申请询问人员、记录人员回避,"中"/"后面的部分是指执法办案过程中,根据实际情况选择填写的部分。有时,"/"后面的部分要替代前面相应部分,有时,与前面相应部分并用,注意区别。下同。

12. 笔录不得留白,空白处以"/"划实。有修改的,由被询问人员在修改处签名或盖章或按指印。

13. 不得以威逼利诱等不正当方式询问。

14. 有询问必有笔录,笔录必为当场制作。

四、行政检查、抽样取证、证据先行登记保存等现场、勘验笔录格式文书式样示例

<h3 style="text-align:center">行政检查/抽样取证/证据先行登记保存/等笔录</h3>

时间:＿＿年＿月＿日＿时＿分至＿＿年＿月＿日＿时＿分

地点:＿＿＿＿＿＿＿＿＿＿＿＿＿＿＿＿＿＿＿＿＿

内容:对＿＿实行□检查 □抽样取证 □证据先行登记保存……

当事人姓名名称:＿＿＿＿法定代表人(负责人)姓名:＿＿＿

性别:＿＿民族:＿＿身份证号码及统一社会信用代码:＿＿

工作单位:＿＿＿＿＿＿＿＿＿职务或职业:＿＿＿＿＿＿

住址:＿＿＿＿＿＿＿＿＿＿＿电话:＿＿＿＿＿＿＿

见证人姓名:＿＿＿＿＿＿＿＿＿联系方式:＿＿＿＿＿＿

检查(抽样取证/证据先行登记保存)人员姓名:＿＿＿、＿＿＿

执法证号码:＿＿＿、＿＿＿记录人员姓名:＿＿＿执法证号码:＿＿＿

通知当事人及有关人员到场情况：_____

表明身份，出示证件，说明检查/抽样取证/证据先行登记保存依据、理由、意思，告知义务、权利记录：

×××（姓名）说：我们是_____的执法人员，这是我们的执法证件，请过目。因_____属《_____》第____规定的检查范围，/因_____与_____有关，依据《中华人民共和国行政处罚法》第五十四条第一款、第五十五条，《_____》第____的规定，/依据《中华人民共和国行政处罚法》第五十五条、第五十六条的规定，我们____位执法人员现对_____进行检查/抽样取证/证据先行登记保存。你（们）有法律义务协助检查/抽样取证/证据先行登记保存，不得拒绝阻挠检查/抽样取证/证据先行登记保存。你（们）/你（们/单位）作为当事人，有权依法申请检查/抽样取证/证据先行登记保存人员回避，有权依法监督我们检查/抽样取证/证据先行登记保存，你（们）听清楚了吗？

当事人及有关人员答：_____

×××（姓名）说：我们的执法证件你（们）看清楚了吗？

当事人及有关人员答：_____

×××（姓名）说：/你（们/单位）作为当事人，是否申请检查/抽样取证/证据先行登记保存人员回避？如申请回避，请说明理由。

当事人答：_____

×××（姓名）说：开始检查/抽样取证/证据先行登记保存。

记录人：开始检查/抽样取证/证据先行登记保存。检查/抽样取证/证据先行登记保存实施情况记录：_____

_____

_____

_____

_____

记录人：当事人及有关人员、见证人核对笔录。核对完毕。当事人及有关人员对笔录的意见：(经核对，记录准确无误)

当事人及有关人员签名或盖章：_____ 年 月 日

见证人对笔录的意见：(经核对，记录准确无误)

见证人签名或盖章：_____

年 月 日

第 页（共 页）

说明：

1. 本格式文书式样示例适用于对物检查、抽样取证、证据先行登记保存等现场笔录、勘验笔录格式文书式样制作。对人以及对住宅检查依照有关法律，分析要件后在本文书上修改。本格式文书式样适用于非强制性检查等执法措施，强制性检查等执法措施文书适用行政强制措施有关文书。

2. 如实、连贯、全面、规范记录。

3. 有起止时间、地点、内容记录。

4. 有当事人基本情况记录。这里的当事人既可以是行政检查的当事人，也可以是行政处罚的当事人，是指被检查、抽样取证、证据先行登记保存物的所有人或管控人，可以联系上述有关流程理解。在实行检查、抽样取证、证据先行登记保存时，尚未掌握当事人某些情况的，写明待查。这里更突出的是"物"与"案"的关系，而不是"人"与"案"的关系。

5. 有见证人及其联系方式记录。原则上，只有执法措施对当事人人身权、财产权等权利产生重大影响时才需要见证人，如抽样取证，会导致当事人对被抽样取证物丧失物权，因此需要见证人。其他执法措施，如检查、证据先行登记保存等，在执法依据没有特别规定的情况下，可以不邀请见证人。

6. 有执法人员、记录人员有关情况记录。

7. 有当事人及有关人员到场情况记录，以及每个到场人员与本案（行政检查案、行政处罚案）的关系记录。无关人员可以不予记录。应到场未到场的，由执法人员注明（注明均由非记录人员的本案执法人员实施，下同）。

8. 有执法人员表明身份，出示证件，说明检查/抽样取证/证据先行登记保存依据、理由、意思，告知义务、权利记录。有在场人员确认记录。无人在场的，由执法人员注明。

9. 实行检查，写明"因_____属《_____》第_____规定的检查范围，依据《中华人民共和国行政处罚法》第五十四条第一款、第五十五条，《_____》第_____的规定，我们____位执法人员现对_____进行检查"，"《_____》第_____"填写行政处罚法以外的法律或法规名称，及其条款项目。实行抽样取证、证据先行登记保存，写明"因_____与_____有关，依据《中华人民共和国行政处罚法》第五十五条、第五十六条的规定，我们____位执法人员现对_____进行抽样取证/证据先行登记保存"。

10. 有详细的检查/抽样取证/证据先行登记保存实施记录。包括实施情况（过程、结果），当事人及有关人员协助检查情况等；执法单位以外的专家、检测检验鉴定人员参与实施，应当具有法律或法规的依据，并在记录中写明，对他们的意见，记录或其他文书中应予明确的肯定或否定；需要使用其他文书的，使用其他文书；严格依照法定或案情涉及的范围实施，不得超范围实施。

11. 逐页有当事人及有关人员"经核对，记录准确无误"的意见，签名或盖章、写明日期。应到场未到场或拒绝签名盖章的，由执法人员注明。有见证人的，逐页有见证人"经核对，记录准确无误"的意见，签名或盖章、写明日期。执法依据有规定的，执法人员、记录人员逐页签名。

12. 除法律另有规定外，执法人员不得少于两人。每个执法人员（含记录人员）的执法证件都须出示并记录。检查、抽样取证、证据先行登记保存人员，可以同时担任记录人员。

13. 笔录不得留白，空白处以"/"划实。有修改的，由当事人及有关人员在修改处签名或盖章或按指印，应到场未到场或拒绝签名盖章按指印的，由执法人员在修改处注明，签名并写明日期。

14. 有检查、抽样取证、证据先行登记保存必有笔录，笔录必为当场制作。

15. 为维护公共安全，在机场、车站、码头等特定区域，集会等特定大型活动，以及其他检查对象数量众多等情况下实施行政检查，不具备逐一全面制作笔录条件的，可以依法简化检查流程和检查笔录，但是，应符合予以行政检查构成要件，并以显著方式向当事人说明检查依据、理由、意思，告知义务、权利，被检查人、物涉嫌违法的，应当依法全面制作笔录。

五、行政处罚案件听证笔录格式文书式样示例

因本次行政处罚法修订的相关条款，规定处罚案件听证笔录是作出处罚决定的根据，这大为增强了这一笔录的法律后果，使其变得更加重要。

行政处罚案件听证笔录较其他笔录复杂。制作听证笔录要符合要求，最重要的是在满足予以听证构成要件决定听证以后，举行听证之前，弄清楚听证实施各类要件要素，特别是被听证案件在调查程序中存在第三人、委托代理人等复杂要素时，更要厘清听证实施程序要件（关系）和实体要素。

听证实施过程中，存在三种基本关系，即听证主持人与被听证案件调查人员关系，听证主持人与被听证案件当事人关系，被听证案件调查人员与被听证案件当事人关系。

听证主持人、听证员，在听证实施过程中具有独立性，要保持对被听证案件调查人员、当事人同等公正。

注意区分被听证案件有关人员在调查程序中的身份，与在听证程序中的身份的不同，如调查程序中的证人、鉴定人，在听证程序中是听证参与人，调查程序中当事人的委托代理人，不等于听证程序中的委托代理人；等等。

行政处罚案件听证笔录

案由：涉嫌_____是否公开：_____

时间：___年_月_日_时_分至___年_月_日_时_分

地点：_____

当事人姓名名称：_____法定代表人（负责人）姓名：_____

性别：___民族：___身份证号码及统一社会信用代码：_____

工作单位：_____职务或职业：_____

住址：_____电话：_____

听证委托代理人姓名：_____、_____身份证号码：____、____

工作单位：_____、_____

职务或职业：_____、_____电话：_____、_____

调查人员姓名：_____、_____执法证号码：_____、_____

听证主持人员、听证员姓名：_____、_____

执法证号码：_____、_____

听证记录人员姓名：_____执法证号码：_____

听证参与人员姓名：_____与听证案件关系：_____

主持人说：现在开始听证。根据本机关_____罚听通字［_____］第___号通知书确定的听证时间，现在开始_____（当事人姓名名称+涉嫌+案由）案听证。参加今天听证的有，_____（所有参加、参与听证的人员身份、姓名，有旁听人的，概括介绍旁听人员）。首先核对身份。我是本次听证的主持人_____（姓名），现为_____（单位、职务），这____位是本次听证听证员_____（姓名），现为本机关_____（单位、职务),协助我主持本次听证。这____位是本次听证记录员_____(姓名),现为本机关_____(单位、职务)。这是我们____位的执法证件原件,证件图片和单位职务证明,请案件当事人、听证委托代理人、听证参与人传递查看。查看后,你们如果对我们____位人员作为本次听证主持人、听证员、记录员身份,以及执法证件原件,证件图片和单位职务证明有异议,可以提出。案件当事人有权依法有理由的申请听证主持人、听证员回避。

记录人:听证主持人将执法证件原件、证件图片和单位职务证明交给案件当事人。案件当事人、听证委托代理人、听证参与人传递查看听证主持人、听证员、听证记录人员执法证件原件、证件图片和单位职务证明。查看完毕。

主持人说:你们是否有异议,或者申请回避?请案件当事人、听证委托代理人先回答。请开始。

当事人答:_____(是否异议,是否申请回避及申请理由)_____

委托代理人答:_____(是否异议)_____

主持人说:请听证参与人回答。

参与人答:_____(是否异议)_____

主持人说:案件当事人、听证委托代理人、听证参与人对听证主持人、听证员、听证记录人员身份和身份证明材料没有异议,当事人不申请回避,请记录在案。请将执法证件原件、证件图片和单位职务证明交给听证员_____(姓名)。请听证员_____(姓名)将证件图片、单位职务证明,以及本次听证会案件调查人、当事人等听证参加人、参与人提交的材料予以留存,听证结束后附于听证笔录之后。

主持人说：现在请案件当事人、听证委托代理人说明身份，向听证员＿＿＿＿（姓名）提交身份证明材料。请听证员＿＿＿＿（姓名）核对身份材料，并说明核对结果。请开始回答。

当事人答：＿＿＿＿＿＿＿＿＿＿＿＿＿＿＿＿＿＿＿＿＿＿

委托代理人答：＿＿＿＿＿＿＿＿＿＿＿＿＿＿＿＿＿＿＿

主持人说：请提交身份证明材料。

记录人：案件当事人、听证委托代理人将身份证明材料交给听证员＿＿＿＿（姓名），听证员＿＿＿＿（姓名）核对身份材料。核对完毕。

主持人说：请听证员＿＿＿＿（姓名）说明核对结果。

听证员答：（当事人、委托代理人身份、身份证明材料是否符合要求）

主持人说：案件当事人、听证委托代理人身份及身份证明材料经核对符合要求，请记录在案。请案件调查人员说明身份，向听证员＿＿＿＿（姓名）提交身份证明材料。请案件当事人、听证委托代理人查看案件调查人员身份证明材料，你们如果对这＿＿＿个人员是听证案件调查人员有异议，可以提出。请调查人员开始回答。

调查人员×××（姓名）答：＿＿＿＿＿＿＿＿＿＿＿＿＿＿

调查人员×××（姓名）答：＿＿＿＿＿＿＿＿＿＿＿＿＿＿

主持人说：请提交身份证明材料。

记录人：案件调查人员将身份证明材料交给听证员＿＿＿（姓名）。

主持人说：请将身份证明材料交给案件当事人、听证委托代理人查看。

记录人：听证员＿＿＿＿（姓名）将身份证明材料交给案件当事人、听证委托代理人。案件当事人、听证委托代理人查看案件调查人员身份证明材料。查看完毕。案件当事人、听证委托代理人将身份证明材料交还听证员＿＿＿＿（姓名）。

主持人说：案件当事人、听证委托代理人是否对案件调查人员有异议？请开始回答。

当事人答：＿＿＿＿＿＿＿＿＿＿＿＿＿＿＿＿＿＿＿＿

委托代理人答：＿＿＿＿＿＿＿＿＿＿＿＿＿＿＿＿＿

主持人说：案件当事人、听证委托代理人对听证案件调查人员身份及其身份证明材料没有异议，请记录在案。请听证参与人说明身份，向听证员＿＿＿＿（姓名）提交身份证明材料。请听证员＿＿＿＿（姓名）核对身份材料。请开始回答。

听证参与人答：＿＿＿＿＿＿＿＿＿＿＿＿＿＿＿＿＿

主持人说：请提交身份证明材料。

记录人：听证参与人将身份证明材料交给听证员＿＿＿＿（姓名），听证员＿＿＿＿（姓名）核对身份材料。核对完毕。

主持人说：请听证员＿＿＿＿（姓名）说明核对结果。

听证员答：＿＿＿＿＿＿（听证参与人身份、身份证明材料是否符合要求）

主持人说：听证参与人身份及身份证明材料经核对符合要求，请记录在案。本次听证核对身份完毕。

现在宣读听证依据、听证事由、听证纪律，说明听证程序、听证笔录的法律效力。

_____

_____

_____

首先，由案件调查人员提出当事人违法的事实、证据和行政处罚建议。请开始。

调查人员×××（姓名）说：_____

调查人员×××（姓名）说：_____

主持人说：下面由案件当事人、听证委托代理人进行申辩和质证。请开始。

当事人说：_____

委托代理人说：_____

……

主持人说：下面由听证参与人就案件当事人、听证委托代理人提出的相关问题作说明。请开始。

参与人说：_____

主持人说：_____

……

主持人说：案件调查人员、当事人、听证委托代理人、听证参与人，对本听证案件是否还有补充发言？请按顺序逐一发言。请开始。

调查人员×××（姓名）答：_____（没有了）

调查人员×××（姓名）答：_____（没有了）

当事人答：_____（没有了）

委托代理人答：_____（没有了）

参与人答：_____（没有了）

主持人说：案件调查人员、当事人、听证委托代理人、听证参与人，对本听证案件没有补充发言，请记录在案。请各位听证参加人、参与人听证结束后留下核对笔录，核对无误后，请签字或盖章。

主持人说：我宣布，本次听证结束。旁听人员请有序离场。

记录人：听证主持人、听证员，听证参加人、参与人核对笔录。核对完毕。

案件当事人对笔录的意见：（经核对，记录准确无误）

案件当事人签名或盖章：_____ 年　月　日

听证委托代理人对笔录的意见：（经核对，记录准确无误）

听证委托代理人签名或盖章：_____ 年　月　日

听证参与人对笔录的意见：（经核对，记录准确无误）

听证参与人签名或盖章：_____ 年　月　日

听证主持人签名或盖章：_____ 年　月　日

听证员签名或盖章：　　　记录员签名或盖章：　　　年　月　日

第　页（共　页）

说明：

1. 本格式文书式样示例适用于行政处罚案件听证笔录格式文书式样制作。

2. 如实、连贯、全面、规范记录。不仅记录语言，也记录与听证有关的肢体行为。听证员、案件当事人、听证委托代理人、听证参与人等是多人的，在记录时写清姓名，如，将"当事人答："写为"当事人法定代表人×××（姓名）答："。在记录听证参与人回答时，应当写清其在被听证案件中的身份和姓名，将"参与人答："写为"案件证人×××（姓名）答：""案件鉴定人×××（姓名）答："等，以便区分。最终目的达到，通过笔录就知道是哪个确定的人说的、做的。

3. 在听证开始前，即应事先核对听证参加人、参与人身份和身份证明材料，以节省听证用时。但在听证开始后，核对身份环节不能缺省，以便记录。存在当事人及其代理人无正当理由拒不出席听证情况的，在听证主持人宣布听证开始后，核对身份环节中予以确认并记录。不宣布听证开始，就无从确定当事人"拒不出席听证"，也无从确定开始制作笔录的时点。

4. 有听证案件案由、听证是否公开、听证时间、地点记录。

5. 有听证案件当事人、听证委托代理人基本情况记录。有听证主持人、听证员、听证记录人员、听证案件调查人员、听证参与人有关情况记录。

6. 有听证主持人宣布"开始听证""听证结束（终止）"记录。

7. 有听证主持人主持核对身份，告知权利，宣读听证依据、听证事由、听证纪律，说明听证程序、听证笔录的法律效力等记录，以及各方发言记录。有听证中途休息、中止听证、终止听证等情况的记录。

8. 逐页有案件当事人、听证委托代理人"经核对，记录准确无误"的意见，签名或盖章、写明日期。拒绝签名盖章的，由听证主持人注明。记录听证参与人发言页，有听证参与人"经核对，记录准确无误"的意见，签名或盖章、写明日期。执法依据有规定的，听证主持人、听证员、听证记录人员，及其他听证参加人、参与人逐页签名并写明日期。

9. 笔录不得留白，空白处以"/"划实。有修改的记录内容，由该记录内容的发言人在修改处签名或盖章或按指印，发言人拒绝的，由听证主持人在修改处注明，签名并写明日期。

10. 特别要注意的是，因听证笔录是作出处罚决定的根据，在听证过程中，案件调查人员应将相对人角度给予行政处罚要件的证据全部提交听证，即案卷涉及当事人方面的全部内容。执法组织角度的给予行政处罚要件的证据，能够提交听证的，也一并提交听证。实际上是，以听证笔录及其有关材料替代案卷，定案材料是听证前的案卷+听证时当事人方申辩、质证记录及其提供的材料的综合，听证参与人有不同于案卷的、新的说明，以及提供新材料的，还要加上这部分记录内容及材料。一般而言，案件调查人员的发言和提供的材料，不得超越听证前的案卷。

没有提交听证，或者未在听证时发言，并予以记录的材料，不能作为定案材料。

11. 听证过程中，听证主持人、听证员不对案件调查人员、案件当事人等听证参加人、参与人的发言，提交的材料等，发表实质性确定意见，只履行程序性组织听证的职责。

12. 有听证必有笔录，笔录必为当场制作。

六、视听资料说明格式文书式样示例

照片图片/录音录像说明

照片图片/录音录像载体

内容及说明的问题：

拍摄地点：	拍摄时间：
拍摄人：	联系方式：
提供人：	联系方式：
取证人员：_____、_____	
执法证号：　　　　　、	
取证时间：　　年　　月　　日　　时　　分	

说明：

1. 本格式文书式样示例适用于视听资料说明格式文书式样制作。
2. 案件中的视听资料，都应当转化为文字说明。
3. 视听资料并非由执法人员制作的，应当将说明中所有要素填齐，并配合对提供人的询问笔录、现场笔录使用，必要时，配合鉴定意见使用。视听资料系执法人员制作的，说明中提供人、联系方式处用"/"划实，一般需配合勘验笔录、现场笔录使用。
4. 内容及说明的问题包括两个方面。一方面，视听资料呈现的内容，完全依照视听资料内容描述。另一方面,视听资料内容所说明的案件事实,应当围绕相对人角度给予行政处罚要件,或检查内容要件描述。

七、给予行政处罚告知书(含听证告知)格式文书式样示例

执法文书中,对外的、具有"决定"意义的文书主要有三类,即告知书、通知书、决定书。告知书、通知书仅表述行政执法学上的决定意义,即行政执法组织支配处分具体行政执法职责职权并产生外部法律效果的确定主张意义。决定书表述的决定意义,不仅是行政执法学上的决定,还是行政法学上的决定,或者说是诉讼法、复议法意义上的决定。一般而言,决定书表示的决定,是可诉的,告知书、通知书表示的决定是不可诉的,通常被解释为执法过程性活动,具体视规定受案范围的裁判依据而定。不可诉,不代表不重要,其与执法质量密切相关,仍然可能是违法或不当的,因此是可以被追责的。

告知书、通知书与决定书,都是行政执法学上的决定表述,但侧重点不同,告知书侧重告知当事人或相关人执法决定内容,以及当事人或相关人的权利等,通常不需要当事人或相关人协助决定内容的履行,其意义在于让当事人或相关人"知晓",如果当事人或相关人依此主张权利,则执法组织应当作出相应执法决定加以回应,比如当事人主张回避,执法组织就需作出予以回避或不予回避的决定。而通知书不仅告知当事人或相关人执法决定内容,而且告知当事人或相关人义务,或者义务和权利,通常需要当事人或相关人协助决定内容的履行,他的意义不仅仅在于让当事人或相关人"知晓",还在于要求当事人或相

关人"配合",如果当事人不配合,则执法组织可以作出相应执法决定加以回应。决定书在具有告知书、通知书意义的基础上,突出决定内容的最终性、实现性,是某一执法过程最终结果的表述,并具有可诉性。予以行政检查决定书,就是最终决定对特定人、特定物实施检查;给予行政处罚决定书,就是最终决定实施处罚;予以查封、扣押决定书,就是最终决定实施查封、扣押;行政许可决定书,就是最终决定准予或不准予申请人从事特定活动。除执法依据另有规定外,决定书中的决定内容必须实现。

告知书、通知书、决定书既可以在事前、事中制发,也可以事后制发,具体依执法依据规定。

以上,不限于行政处罚文书。

给予行政处罚/(听证)告知书

＿＿＿罚告字 [　　　] 第　号

＿＿＿＿（当事人姓名名称）：

本机关拟对你（单位）涉嫌＿＿＿＿＿＿（案由）一案,作出给予行政处罚决定。依据《中华人民共和国行政处罚法》第四十四条的规定,现告知你（单位）如下事项。

拟给予处罚的内容：＿＿＿＿＿＿＿＿＿＿＿＿＿＿＿

事实、理由、依据：＿＿＿＿＿＿＿＿＿＿＿＿＿＿＿

＿＿＿＿＿＿＿＿＿＿＿＿＿＿＿＿＿＿＿＿＿＿＿＿＿

依据《中华人民共和国行政处罚法》第四十五条第一款的规定,你（单位）有权陈述、申辩。/依据《中华人民共和国行政处罚法》第四十五条第一款,第六十三条第一款的规定,你

(单位) 有权陈述、申辩，有权要求听证。

你（单位）自收到本告知书之日起五日内，可以向本机关提出陈述、申辩的事实、理由和证据，/可以向本机关提出陈述、申辩的事实、理由和证据，提出听证要求，逾期未提出的，视为放弃上述权利。

<u>　　　　</u>（行政处罚主体名称及印章）

　　　　　　　　　　　　　　　年　月　日

　　联 系 人：<u>　　　　　　</u>　联系电话：<u>　　　　　　</u>

　　单位地址：<u>　　　　　　</u>　邮政编码：<u>　　　　　　</u>

本文书一式____份，____份交付送达，____份归档，_____。

说明：

1. 本格式文书式样示例适用于给予行政处罚告知书格式文书式样制作。

2. 对外执法文书有文号，有准确的、与案卷记录一致的当事人姓名、名称全称等信息。下同。

3. 准确填写拟给予处罚的内容，其与之后给予行政处罚决定书相应内容一致，不一致的，须重新告知。

4. 准确填写事实、理由、依据，其与之后给予行政处罚决定书相应内容一致，不一致的，须重新告知。

5. 不仅告知当事人有权陈述、申辩，有权要求听证，还告知当事人行使陈述、申辩权，行使要求听证权的内容、方式、时限，逾期不行使的法律后果。

6. 当事人书面行使陈述、申辩权，行使要求听证权的，接收相关材料时做好记录。口头行使权利，人在现场的，制作现场笔录；通过打电话、视频等方式的，明示当事人后，进行录音录像，并制作录音录像说明。

7. 无论当事人是否行使陈述申辩权，是否行使要求听证权，都应当予以记录（要件）。

八、行政处罚、行政检查事项通知书格式文书式样示例

行政处罚听证/询问/抽样取证/检查/等通知书

_____罚听/询/抽/检通字〔 〕第 号

_____（当事人姓名名称/有关人员单位姓名名称）：

依据《中华人民共和国行政处罚法》第_____的规定，本机关就你（单位）涉嫌_____（案由）一案，/_____（当事人姓名名称+涉嫌+案由）一案，决定_____，时间为：_____，地点为：_____。

因你（单位）是本案当事人，/与本案有关，你（单位）应当：

1. 依照《_____》第_____的规定，_____。
2. 依照《_____》第_____的规定，_____。
3. 依照《_____》第_____的规定，_____。
……

你（单位）有权：

1. 依据《中华人民共和国行政处罚法》第七十五条第二款的规定，监督我们的执法活动。
2. 依照《_____》第_____的规定，_____。
3. 依照《_____》第_____的规定，_____。
……

其他事项：

1. _____
2. _____

3._____

……

　　　　　　　　　　　　_____（行政处罚/检查主体名称及印章）
　　　　　　　　　　　　　　　　　　　年　月　日

联 系 人：_____联系电话：_____

本文书一式___份，___份交付送达，___份归档，_____。

说明：

1. 本格式文书式样示例适用于行政处罚活动中，在作出给予行政处罚决定前，或者作出不予行政处罚决定前后，对当事人及有关人员的大部分通知格式文书式样的制作。给予行政处罚决定后，使用本通知的，去掉"涉嫌"两字。行政处罚办案过程中的调查检查，可以使用本通知。单独进行的行政检查，其通知式样可以在本通知上修改，主要是修改检查依据部分，将实体法检查依据替换处罚法检查依据，明确被检查对象是检查依据规定的检查范围，并删除关于特定案件的表述，可参看上述行政检查、抽样取证、证据先行登记保存等现场、勘验笔录格式文书式样示例中有关表述。

行政处罚听证、行政处罚询问、行政处罚抽样取证、行政处罚检查，包括行政处罚告知等，都是行政执法学意义上的执法决定，都应具备组织、依据、根据、证据、理由、决定要件，这是要清楚明白的。在表述这些决定的文书上，可以遵循习惯使用通知书、告知书的方式，并将上述要件予以简要表述，但是必须能够通过案卷记录，或者通过对案卷记录的分析，全面的呈现上述要件。

2. "时间为：_____"既可以填写时日、时点，也可以填写开始时间、截止时间，还可以填写时间段，即期间。时间填写必须确切，使用公历，一般不用"上午""中午""下午"等通俗表述。"地点为：_____"填写规范地名，可加括号注明通俗易懂的地名。

3. 与通知事项相关的事项，执法依据对当事人及有关人员、单位义务、权利有规定的，全部写入"你（单位）应当："、"你（单位）有权："项下，其中的执法依据，既可以是行政处罚法，也可以是其他法律、法规、规章。

例如:"依照《中华人民共和国行政处罚法》第五十五条第二款的规定,按时到场。"执法依据没有明确规定的,写入"其他事项:"项下。例如:"1. 如申请延期听证,请于 年 月 日前,向本机关提出。2. 参加听证时请携带身份证原件及复印件。"

4. 通知书需要附物品清单的,依法制作清单,并随通知书一并交付送达。

九、当场行政处罚决定书格式文书式样示例

编号:＿＿＿＿＿＿

当场行政处罚决定书

＿＿＿罚简决字 [ ] 第 号

当事人姓名名称:＿＿＿＿＿＿＿＿＿＿＿＿＿＿

法定代表人负责人姓名:＿＿＿＿＿＿＿＿＿＿＿＿

身份证号码及统一社会信用代码:＿＿＿＿＿＿＿＿＿＿

住址住所:＿＿＿＿＿＿＿＿＿＿＿＿ 联系方式:＿＿＿＿

你(单位)＿＿＿(时点、期间)＿＿＿,在＿＿＿(地点)＿＿＿的＿＿＿＿＿＿行为,违反了《＿＿＿＿＿＿》第＿＿＿＿的规定,证据充足、真实、合法,事实确凿。作出处罚的执法人员向你(单位)当场出示了执法证件,告知了拟给予处罚的内容及事实、理由、依据,并告知你(单位)依法享有陈述、申辩权,你(单位)放弃陈述、申辩。/听取并复核了你(单位)陈述、申辩的事实、理由和证据。作出处罚的执法人员当场对你(单位)进行了守法教育。

依据《中华人民共和国行政处罚法》第二十八条第一款、第五十一条,《＿＿＿＿＿＿》第＿＿＿＿的规定,本机关责令你

（单位）改正违法行为，并决定当场给予如下处罚（见打√处）：

□警告；

□罚款人民币（大写）＿＿＿＿＿＿（¥：＿＿＿＿）。

罚款按下列方式缴纳（见打√处）：

□当场缴纳；

□自即日起十五日内，到＿＿＿＿＿＿（银行地址、名称、账户、账号等）＿＿＿＿缴纳，或通过电子支付系统＿＿＿（电子支付系统名称、具体的缴纳操作方式）＿＿缴纳。

你（单位）如不服本处罚决定，可以自即日起＿＿＿内向＿＿＿＿＿＿＿＿申请行政复议，或者＿＿＿＿内向＿＿＿＿＿＿人民法院提起行政诉讼。/可以自即日起＿＿内，依据《＿＿＿＿》第＿＿＿的规定，先向＿＿＿＿＿＿＿申请行政复议，对复议决定不服的，再依法向人民法院提起行政诉讼。/可以自即日起＿＿内，依据《中华人民共和国行政复议法》第十四条的规定，向本机关申请行政复议，或者＿＿＿内向＿＿＿＿＿人民法院提起行政诉讼。

逾期不履行本处罚决定，本机关将依据《中华人民共和国行政处罚法》第七十二条的规定，依法采取行政强制执行措施。

＿＿＿＿＿（行政处罚主体名称及印章）

年　月　日

处罚地点：＿＿＿＿＿＿＿＿＿＿＿＿＿＿＿＿＿＿＿＿

当事人签名或盖章确认、签收：＿＿＿＿＿＿　年　月　日

执法人员签名或盖章：＿＿＿＿＿＿ 执法证号码：＿＿＿＿＿＿

执法人员签名或盖章：＿＿＿＿＿＿ 执法证号码：＿＿＿＿＿＿

本文书一式＿＿份，＿＿份当场交付，＿＿份归档，＿＿＿＿＿。

说明：

1. 本格式文书式样示例适用于当场行政处罚决定书格式文书式样制作。

2. 因实行简易程序的当场行政处罚，很多并无案卷，即使有案卷，相对于实行普通程序的行政处罚案卷来说，也是数量少，不完整。因此，在当场处罚决定书中，应当尽量多的表述处罚要件，特别是程序要件，这样，只要当事人确认签收，就意味着这些被表述的要件在案件中得到了确定的落实。否则，在应对针对当场处罚的复议、诉讼以及行政执法监督及其他监督时，会很被动。另外，需要注意的是，处罚决定书没有表述，或者无法表述的上述实行简易程序的当场给予行政处罚要件，相对人角度给予行政处罚要件，尤其是与构成要件相反的阻却要件、法律特别规定的阻却要件，均应当在案件中落实，宜以案卷或者记录并由当事人签字确认的方式加以落实。

3. 第一、第二个"《＿＿＿＿＿＿》第＿＿＿＿＿"空白处填写的执法依据名称是实体性法律、法规、规章名称，到条款项目。

4. 当事人陈述申辩的，不写"你（单位）放弃陈述、申辩"，而写"听取并复核了你（单位）陈述、申辩的事实、理由和证据"。

5. 与处罚有关的责令改正，可以在处罚决定书中表述，但其作为行政命令，不得放在处罚内容中。对于有实体法明确规定的、具体的改正情形和要求（如设定一定期限的限期改正）的，宜单独制发责令改正决定书。单独制发责令改正决定书的，处罚决定书中的责令改正及其依据条款表述删除。下同。

6. 为规范执法文书填写，防止歧义，罚款金额宜依照《会计基础工作规范》书写，大小写数额一致，汉字大写用零、壹、贰、叁、肆、伍、陆、柒、捌、玖、拾、佰、仟、万、亿等，其他依《会计基础工作规范》。其他执法文书中的金额书写同。

7. "可以自即日起＿＿＿＿内，依据《＿＿＿＿＿＿＿＿＿》第＿＿＿＿的规定，先向＿＿＿＿＿＿＿申请行政复议，对复议决定不服的，再依法向人民法院提起行政诉讼。"适用于法律、法规规定先复议、后诉讼的情况，"《＿＿＿＿＿＿＿＿》第＿＿＿＿＿的规定"空白处填写相应的法律、法规名称及条款项目。"可以自即日起＿＿＿＿＿内，依据《中华人民共和国行政复议法》第十四条的规定，向本机关申请行政复议，或者   内向   人民法院提起行政诉讼。"适用于省级人民政府和国务院部门作出决定的情况。

8."逾期不履行本处罚决定，本机关将依据《中华人民共和国行政处罚法》第七十二条的规定，依法采取行政强制执行措施"可以作为格式语句，也可以不作为格式语句（没有可以强制执行的内容时，如仅给予警告处罚），作为格式语句，有利于促使当事人签收、履行。此种情况适用于处罚内容中含有罚款内容。

9. 决定书不得留白，空白处以"/"划实。

10. 作出当场处罚决定前，应综合判断当事人是否会签收，并考虑责令改正可能触发的阻却要件（见上述实行简易程序的当场给予行政处罚要件相关内容）。当事人不会签收，或能够触发与责令改正有关的阻却要件的，宜转入普通程序。

11. 如果依照民事诉讼法送达必须有送达回证，拒绝送达签收在送达回证上注明等规定理解，并依体系解释理解行政处罚法相关条款，则实行简易程序的当场处罚中，不存在送达问题，交付与送达也不是一回事。在实行简易程序的当场处罚中，应当将处罚决定书当场交付当事人，拒绝签收的，由作出处罚的执法人员，当场在处罚决定书"当事人签名或盖章确认、签收："后注明，并写明日期，此即为已经"交付"且当事人"收到"。此种情况，宜依照行政执法全过程记录规定，参照民事诉讼法及其司法解释有关送达的相关规定，进行拍照、录像，记录交付过程。但是，因当事人拒绝签收很可能引发复议、诉讼等（综合"2"所述），或者其流动性大，不利执行，此种情况优先按上述"10"处理。

综上，总的原则是，在没有充足案卷材料支撑情况下，当事人可能拒绝签收的，宜实行普通程序进行行政处罚。可以实行简易程序当场处罚，不是必须实行简易程序当场处罚。简易程序当场处罚简化的主要是立案程序等少部分程序要件，大部分处罚的要件并未简化（可以比对上述两类程序处罚的要件，兼看相对人角度行政处罚要件，这部分要件没有任何减少，是相同的）。

十、实行普通程序的行政处罚决定书格式文书式样示例

行政处罚决定书

_____罚普决字〔　　〕第　号

当事人姓名名称：_____

法定代表人负责人姓名：_____

身份证号码及统一社会信用代码：_____

住址住所：_____　联系方式：_____

本机关_____年___月___日对你（单位）涉嫌_____（案由）_____的行为予以立案调查。现已查明，你（单位）

_____

_____（围绕相对人角度行政处罚全部构成要件叙述违法事实）

_____。

以上事实主要有下列证据为证：

1. _____。证明：_____。
2. _____。证明：_____。
3. _____。证明：_____。
……

你（单位）的上述行为违反了《_____》第_____的规定，确应给予处罚。依据《中华人民共和国行政处罚法》第二十八条第一款、/第二十八条、第五十七条第一款第（一）项，《_____》第_____/，《_____（裁量基准）_____》第_____的规定，本机关责令你（单位）改正违法行为，并给予如下处罚：

1. _____。
2. _____。
3. _____。
……

履行方式和期限为：

1. _____。
2. _____。
3. _____。
……

你（单位）如不服本处罚决定，可以自收到本决定书之日起____内向_____申请行政复议，也可以_____内向_____人民法院提起行政诉讼。/可以自收到本决定书之日起____内，依据《_____》第____的规定，先向_____申请行政复议，对复议决定不服的，再依法向人民法院提起行政诉讼。/可以自收到本决定书之日起____内，依据《中华人民共和国行政复议法》第十四条的规定，向本机关申请行政复议，或者____内向_____人民法院提起行政诉讼。

逾期不履行本处罚决定，本机关将依据《中华人民共和国行政处罚法》第七十二条的规定，依法采取行政强制执行措施。

/依据《中华人民共和国行政处罚法》第四十八条第一款的规定，本决定依法公开。

_____（行政处罚主体名称及印章）

年　月　日

联 系 人：_____　联系电话：_____

本文书一式____份，____份交付送达，____份归档，_____。

说明：

1. 本格式文书式样示例适用于行政处罚决定书格式文书式样制作。

2. 凡实行普通程序作出处罚决定，必定立案，在处罚决定书中宜写明立案情况。立案标准与实行简易程序，还是实行普通程序实施行政处罚的选择无必然关系。符合立案构成要件（含标准，见上述行政处罚予以立案构成要件），且符合实行简易程序的当场给予行政处罚构成要件的，可以不立案，直接实行当场处罚，也可以立案调查，一经立案，即为普通程序，应围绕实行普通程序的给予行政处罚要件，实施行政处罚。不符合立案构成要件，但符合实行简易程序的当场给予行政处罚构成要件的（此种情况主要是立案依据中的立案标准，对当事人违法程度作了区分，此时即存在违法但达不到立案标准，不符合立案构成要件，或者违法达到立案标准符合立案构成要件两种情况），一定不立案，可以实行当场处罚。

执法依据规定，立案应当采用书面形式并告知当事人的，应当依法制作单独的立案决定书，并交付送达当事人。案源系投诉举报，投诉举报人要求回复的，应将是否立案的情况予以告知。移送的，应回函告知等。

3. 先叙述当事人的违法事实，此为执法组织认定的事实根据，是给予处罚的根据要件，应是清楚的、确凿的。此部分不作是否违法的定性，当事人做了什么就写什么。围绕特定案件相对人角度行政处罚全部构成要件叙述，不宜遗漏任何构成要件。注意：此部分关联于案卷，意味着没有阻却所作出的给予处罚的要件，包括执法组织与当事人两个角度的阻却要件。

4. 接下来叙述证明违法事实的证据，先列出证据名称、证据内容，再说明该证据的证明对象，证明对象指向上述违法事实中的一个或者数个要件事实。证据名称不需归类为书证、物证、视听资料等，是什么证据就写什么证据名称，但是，一般应与调查措施关联。比如，实施了调查询问，相关证据即为"对×××询问笔录"。关键证据应当详细叙述。作为给予处罚的证据要件，应当是合法的、真实的、充足的。

5. 接下来叙述处罚依据。涉及裁量的，叙述内容包括裁量依据，无论其形式是法律、法规、规章还是行政规范性文件，都加以叙述。给予处罚的内容涉及没收违法所得的，写"第二十八条、"，不写"第二十八条第一款、"。"《＿＿＿＿＿＿》第＿＿＿＿＿"空白处填写的执法依据名称是实体性法律、法规、规章名称，到条款项目。作为给予处罚的依据要件，应是合法的、公开的、有效的。

6. 接下来叙述给予处罚的内容，以及其履行方式和期限。分别按种类叙述。仅涉及执法机关执行，不涉及当事人履行的，履行方式和期限部分略。

7. 接下来叙述申请行政复议、提起行政诉讼的途径和期限。"可以自收到本决定书之日起＿＿＿内，依据《＿＿＿＿＿＿》第＿＿＿＿的规定，先向＿＿＿＿＿＿申请行政复议，对复议决定不服的，再依法向人民法院提起行政诉讼。"适用于法律、法规规定先复议、后诉讼的情况，"《＿＿＿＿＿＿》第＿＿＿＿＿的规定"空白处填写相应的法律、法规名称及条款项目。"可以自收到本决定书之日起＿＿＿内，依据《中华人民共和国行政复议法》第十四条的规定，向本机关申请行政复议，或者＿＿＿＿＿＿内向＿＿＿＿＿＿人民法院提起行政诉讼。"适用于省级人民政府和国务院部门作出决定的情况。下同。

8. 接下来叙述不履行处罚决定的后果。"逾期不履行本处罚决定，本机关将依据《中华人民共和国行政处罚法》第七十二条的规定，依法采取行政强制执行措施"可以作为格式语句，也可以不作为格式语句（没有可以强制执行的内容时，如仅给予通报批评处罚），作为格式语句，有利于促使当事人履行。属于一定社会影响的处罚案件，告知依法公开。

宜留有联系人、联系方式，以便当事人联系、履行等。下同。

9. 处罚决定书中叙述的处罚的组织、依据、根据、证据、决定内容之间的逻辑关系，即处罚理由要件。

10. 决定书不得留白，空白处以"/"划实。比如，对个人给予处罚，"法定代表人负责人姓名：＿＿＿＿"写作"法定代表人负责人姓名：／＿＿＿"。

十一、责令（限期）改正决定书格式文书式样示例

责令（限期）改正决定书

_____令改决字〔　　〕第　号

_____（当事人姓名名称）：

根据_____年___月___日对你（单位）的___罚普/简决字〔　　〕第　号处罚决定，/检查结果，你（单位）存在下列违法行为：

1. _____。
2. _____。
3. _____。
……

依据《中华人民共和国行政处罚法》第二十八条第一款/，《_____》第_____的规定，责令你（单位）改正违法行为。/在　　年　月　日前改正违法行为。改正应达到下列要求：

1. _____。
2. _____。
3. _____。
……

/改正情况须在　　　年　月　日前书面报告本机关。

你（单位）如不服本责令改正决定，可以自收到本决定书之日起___内向_____申请行政复议，也可以_____内向_____人民法院提起行政诉讼。/可以自收到本决定书之日

起　　　内，依据《　　　　　　》第　　的规定，先向_____
_____申请行政复议，对复议决定不服的，再依法向人民法院提起行政诉讼。/可以自收到本决定书之日起　　内，依据《中华人民共和国行政复议法》第十四条的规定，向本机关申请行政复议，或者　　　　内向　　　　人民法院提起行政诉讼。

不改正/逾期不改正，或者改正未达到要求，本机关将依据《＿＿＿＿＿》第＿＿＿＿的规定，＿＿＿＿＿＿＿＿＿＿＿。

　　　　　　　　　　　　　（行政命令主体名称及印章）
　　　　　　　　　　　　　　　　　年　月　日

联 系 人：＿＿＿＿＿＿　联系电话：＿＿＿＿＿＿
单位地址：＿＿＿＿＿＿　邮政编码：＿＿＿＿＿＿

本文书一式＿＿份，＿＿份交付送达，＿＿份归档，＿＿＿＿。

说明：

1. 本格式文书式样示例适用于责令（限期）改正决定书格式文书式样制作。

2. 行政检查、行政处罚等都可以依法导致责令当事人改正违法行为。"＿＿令改决字［　　］第　号"中的"令"，表示的是本决定书表示的执法决定是行政命令决定，就像"＿＿罚普决字［　　］第　号"中的"罚"表示行政处罚决定类型一样，"＿＿"后的第一个字，代表的就是决定书的决定类型。这是很重要的，同一个名称或者相似名称的决定书，可能代表不同的执法决定类型，不同的执法决定类型又有不同的执法要求和表述要求。比如，决定书标题同样写作"责令"，有的时候表示的是行政强制措施，这个时候文号就要写作"＿＿＿＿强措决字［　　］第　号"，有的时候是表示行政处罚，如单独制发"责令关闭决定书"，这个时候文号就要写作"_____罚普决字〔 〕第 号"。要特别注意区别。

严谨的执法文书，没有一个废字、一句废话，每个字句都有其执法意义。

3."《_____》第_____"空白处填写的执法依据名称是实体性法律、法规、规章名称，到条款项目。

4. 作为独立决定类型的行政命令，其决定书应告知当事人申请行政复议、提起行政诉讼的途径和期限。

十二、行政处罚文书当事人送达地址确认书格式文书式样示例

编号：_____

行政处罚文书当事人送达地址确认书

案 由		案 号	
告知事项	\multicolumn{3}{l	}{1. 为便于当事人及时收到本案行政处罚文书，以便及时维护自己的合法权益，及时履行法律义务，当事人应当如实提供确切的送达地址。确认的送达地址，用于本案行政处罚文书送达。 2. 在当事人履行完毕本案行政处罚决定确定的法律义务之前，如送达地址有变更，当事人应及时向本执法机关告知变更后的送达地址。 3. 因当事人提供的地址不确切，或者不及时告知变更后的地址，使行政处罚文书无法送达或者未及时送达，当事人自行承担此可能产生的法律后果。 4. 经当事人同意，本执法机关可以采用手机信息、传真、电子邮件、即时通讯信息等能够确认其收悉的电子方式送达行政处罚文书，含行政处罚决定书。手机信息、传真、电子邮件、即时通讯信息到达当事人特定系统的日期为送达日期。当事人同意电子送达的，应当填写与行政处罚文书一并送达的电子送达回证，在规定时间内采用与电子送达相同的方式发送给本执法机关。 5. 有关法律规定附后。}

续表

	电子送达	
送达方式送达地址	当事人	执法机关
	优先采用电子送达方式： □同意　　□不同意 系统标识（地址）： □手机号码：_____ □传真号码：_____ □电子邮件地址：_____ □即时通讯账号：_____	系统标识（地址）： □手机号码：_____ □传真号码：_____ □电子邮件地址：_____ □即时通讯账号：_____
	直接送达、邮寄送达	
	送达地址：_____　邮政编码：_____ 收件人姓名：_____　联系电话：_____	
当事人及执法机关确认	当事人已经阅读（听明白）本确认书的告知事项，清楚了其内容及法律意义，提供了上列送达方式送达地址栏有关内容，并保证提供的各项内容确切、有效。当事人（手写同意或者不同意）优先采用电子送达方式。/，同时，当事人确认，从上栏当事人提供的电子送达系统标识发送给执法机关的手机信息、传真、电子邮件、即时通讯信息等，经执法机关联系当事人确认后，是当事人的真实意思表示。 当事人签名或盖章：　　　　　（行政执法主体印章） 　　年　月　日　　　　　　　　年　月　日	
备注		

附件：

行政处罚文书送达有关规定

《中华人民共和国行政处罚法》第六十一条　行政处罚决定书应当在宣告后当场交付当事人；当事人不在场的，行政机关应当在七日内依照《中华人民共和国民事诉讼法》的有关规定，将行政处罚决定书送达当事人。

当事人同意并签订确认书的，行政机关可以采用传真、电子邮件等方式，将行政处罚决定书等送达当事人。

《中华人民共和国民事诉讼法》第八十七条　送达诉讼文书必须有送达回证，由受送达人在送达回证上记明收到日期，签名或者盖章。

受送达人在送达回证上的签收日期为送达日期。

第九十条　经受送达人同意，人民法院可以采用能够确认其收悉的电子方式送达诉讼文书。通过电子方式送达的判决书、裁定书、调解书，受送达人提出需要纸质文书的，人民法院应当提供。

采用前款方式送达的，以送达信息到达受送达人特定系统的日期为送达日期。

……

本文书一式＿＿份，＿＿份交付送达，＿＿份归档，＿＿＿＿。

说明：

1. 本格式文书式样示例适用于处罚办案过程中，当事人送达地址确认书格式文书式样制作。行政处罚文书送达，直接与该文书所表示的处罚行为成立有关，非常重要，文书送达在实践中经常出现疑难问题，应当通过推进制定完善有关法律、法规、规章，以及加强对法律、法规、规章的解释加以解决。有的时候，直接通过援引民事诉讼法及其司法解释并不能解决问题，比如援引《最高人民法院关于以法院专递方式邮寄送达民事诉讼文书的若干规定》，难以解决执法文书专递方式邮寄送达在有些情况下的法律效力问题，而且存在与国家邮政机构协调的问题。这类问题，必须得有至少是规章的执法依据。

2. 执法单位所执行的法律、法规、规章对处罚文书送达顺序、方式、地址，特别是特定送达方式的法律效力等有明确规定的，依照规定修改相关告知事项，并在附件中列明。

3. 应当设置并写明执法组织电子送达系统的号码、地址、账号等标识，具有执法组织印章（因当事人应持有确认书）。可以提前预置。

4. 电子送达当事人栏，直接送达、邮寄送达栏内容由当事人勾选、填写，不能填写的，执法人员可以依照当事人的叙述代写。当事人应当签名或盖章，并写明日期。不能签名或盖章的，应按手印。

5. 送达方式送达地址栏未填的空白处以"/"划实。

6. 在实行普通程序的处罚办案过程中，可能涉及多种、多次处罚文书送达，在立案时，或立案后，第一次与当事人接触时，即可要求当事人填写本确认书。

7. 本确认书，在当事人同意电子送达的情况下，应当交付送达当事人，这是因为当事人必须清楚地知道执法组织电子送达系统标识，以便接收处罚文书，通过该标识表达自己的主张。电子送达依赖双方系统媒介，其中的信息传递也是双向的。

8. 对当事人从其提供的系统标识发送给执法机关的、与处罚案件有关的信息要发生法律效力，必须经执法机关联系当事人予以符合法定要求的确认，至少包括确认确系本人发送，确认过程形成的材料符合证据要求。已经具有电子签名法律、法规、规章执法依据的执法系统，依照该依据认定当事人电子数据方式表达自己主张的事实。

9. 对处罚决定书的送达，应当优先在宣告后当场交付当事人，并由当事人在送达回证上写明收到日期，签名或者盖章（当场直接送达，可导致留置送达）。当事人不在场的，才可以采用人来式直接送达（通知当事人到执法机关领取，可导致留置送达），人往式直接送达［执法人员去找当事人送达，分为住所地送达（当事人或其同住成年家属）、住所地外送达（仅当事人）两类，均可导致留置送达］。以电子方式送达当事人属广义上的直接送达，在当事人签署确认书的情况下，不能当场直接送达的，可以优先采用电子送达。当事人是军人等法定特殊人员的，实行转交送达，视为直接送达。不能当场、人来式、人往式、电子方式直接送达，不能对法定特殊人员转交送达的，方可依法留置送达。留置送达与直接送达直接相关，是当场、人来式、人往式、电子等直接送达不能，对法定特殊人员转交送达不能，直接导致的送达方式。采用留置送达，应当符合法定要件。只有在直接送达、留置送达困难时，方可委托其他执法机关代为送达，或邮寄送达。采用委托送达的，应当有规章及以上执法依据。当事人下落不明，或者用以上方式也无法送达的，应公告送达。向当事人指定的代收人、代理人送达，依照规定。其他处罚文书送达参照以上。

处罚文书送达很复杂，执法单位应当理清送达方式、送达方式的顺序、每种送达方式的要件等。

行政强制、行政许可文书送达中的当事人送达地址确认书式样可以依照规定，参照上述确认书式样示例和说明修改，后不赘述。

十三、行政处罚文书送达回证格式文书式样示例

送达回证

____罚送达 [   ] 第   号

送达机关名称（盖章）：_____

案由		案号	
送达的文书名称及文号		送达方式	
受送达人		与本案关系	
送达时间		送达地点	
签收人签名或盖章并写明日期	年　月　日	签收人写明与受送达人关系	
见证人签名或盖章并写明日期	年　月　日	备注	

说明：

1. 本格式文书式样示例适用于送达回证格式文书式样制作。

2. 作为格式文书的送达回证，应当具有文号、送达机关名称并加盖印章，因为送达回证可能用于电子送达、邮寄送达等，即送达回证在一定情况下具有非当场的对外性。

3. 一次送达多个文书的，填写送达的文书名称及文号时应当写明序号。

4. 送达方式依照法定、规范用语填写。比如，邮寄方式送达，就写邮寄送达，不要写寄信、邮信、挂号信之类的。

送达方式仅限于法定方式，以法定以外的方式送达，该送达无效。

5. 依照有关法律理解，受送达人是案件当事人。这里的当事人就是处罚相对人，最终处罚决定指向的人，就是行政法学和诉讼法、复议法、处罚法、许可法、强制法等意义上的执法当事人。但是，在实践中还存在对处罚

案件相关人的处罚文书送达问题，此时，受送达人即写此相关人姓名，并写明与本案关系，是当事人的，写当事人，是受害人的，写受害人等。不能将送达对象的概念仅限于当事人。

6. 签收、签收人是统领送达回证的最基本概念，签收要件、签收人要素是判断一定方式送达是否有效的最重要的要件要素。签收人不等同于受送达人，也不等同于当事人，注意区分。

7. 不需填写的空白处以"/"划实。

8. 行政强制、行政许可文书送达中的送达回证式样可以依照规定，参照上述送达回证式样示例和说明修改，后不赘述。

交付与送达是执法文书所表示的执法决定（行政执法学意义上的执法决定）成立，对当事人产生法律效力的要件之一，对应于诉讼复议法上当事人知道，或者应当知道。法律仅规定将载有执法决定内容的执法文书当场交付，当事人在场但拒收的，记录在案，在落实相关要件后，即为交付，即为当事人知道应当知道，此时执法决定成立，对当事人产生效力；当事人不在场，依法律规定，经执法组织通知（含具体执法决定内容），当事人应当到场而不到场的，记录在案，在落实相关要件后，执法决定成立，对当事人产生效力，此为当事人知道应当知道，无需交付（交付不能），但可送达，此时，除非执法文书或者法律另有规定，执法决定成立、对当事人产生效力的时间从通知当事人应当到场时计。法律规定将载有执法决定内容的执法文书送达，或者未规定当场交付、送达的，则执法决定自执法文书送达时成立，对当事人产生效力，此时为当事人知道应当知道。

第六节　行政强制要件、流程、文书

本节用三个专题，分别讨论强制要件、流程、文书。

第一题　行政强制要件

本题分析现行行政强制法设定的执法要件。其他有关问题参见行政处罚要件一题。

一、予以行政强制措施要件（可以）

（一）构成要件

1. 组织要件

（1）执法组织具有对特定人身、财物的强制措施职权。

事项管辖。依执法组织的"三定"规定等和法律、法规规定，执法组织具有对特定人身、财物的强制措施职权，即该强制措施事项在本组织的执法事项（权责事项）清单内。（第十六条①、第十七条、第七十条等。法律、法规依法设定行政强制措施事项，该事项由行政机关管辖的，依法律、法规，该事项由非行政机关的执法组织管辖的，依法律、行政法规）

时效管辖。依照行政强制法以外的法律、法规等执法依据

---

① 本题所称条款，除特别标注外，均为现行行政强制法条款。

规定确定，没有规定的，决定实行行政强制措施的事实根据既可以存在于执法组织成立后，也可以存在于执法组织成立前。

地域管辖。依照行政强制法以外的法律、法规等执法依据规定确定，没有规定的，决定实行行政强制措施的事实根据应发生在执法组织管辖区域内。

对人管辖。依照行政强制法以外的法律规定确定，没有规定的，可以对外国人、无国籍人实行行政强制措施。

级别管辖。依照行政强制法以外的法律、法规等执法依据规定确定，没有规定的，具有行政强制措施事项管辖权的执法组织均可管辖。

指定管辖（可选要件）。依照行政强制法以外的法律、法规等执法依据规定确定，没有规定的，发生管辖争议由共同的上一级行政机关指定管辖。

依照第十七条规定，依据《中华人民共和国行政处罚法》的规定行使相对集中行政处罚权的行政机关，可以实施法律、法规规定的与行政处罚权有关的行政强制措施。

依照第七十条规定，法律、行政法规授权的具有管理公共事务职能的组织在法定授权范围内，以自己的名义实施行政强制，适用行政强制法有关行政机关的规定，这说明，行政强制措施组织包括具有强制措施职权的行政机关，以及法律、行政法规授予强制措施职权的、具有管理公共事务职能的组织。下同。

（2）执法人员符合规定。

具有执法资格。行政强制措施应当由行政机关具备资格的行政执法人员实施，其他人员不得实施。（第十七条等）

符合法定人数。由两名以上行政执法人员实施。(第十八条等)

2. 依据要件

具有合法的法律、法规依据。(第十条、第十一条等)

具有公开的法律、法规依据。(立法法第二十五条、第四十四条、第七十条、第七十八条等)

具有有效的法律、法规依据。(依照行政强制法以外的法律、法规等执法依据规定确定,或者依法理决定行政强制措施的依据在其有效期间内)

3. 根据要件

具有清楚的事实根据。(依行政复议法第二十八条,事实根据的最低要求是清楚。对事实根据证明标准的要求,依行政强制法以外的法律、法规等执法依据规定确定,或者依法理)

根据要件,对应相对人角度予以行政强制措施要件,见下述。

4. 证据要件

具有合法的证据。(行政诉讼法第三十四条、第四十三条等)

具有真实的证据。(行政复议法第二十三条、第二十八条等)

具有充足的证据。(行政复议法第二十三条、第二十八条等)

5. 理由等程序要件

(1) 具有强制措施理由。(第十八条等)

(2) 报告并批准。实施前须向行政机关负责人报告并经批准。(第十八条等)

(3) 回避(可选要件)。执法人员与行政强制措施案件有直接利害关系或者有其他关系可能影响公正执法的,予以回避。(在实施行政处罚过程中,实行行政强制措施的,或者由行政强制措施入行政处罚的，依行政处罚法第四十三条等规定回避。与行政处罚无关的行政强制措施的回避，依行政强制法以外的法律、法规等执法依据规定确定，没有规定的，宜参照行政处罚法相关规定）

（4）亮证。出示执法身份证件。（第十八条等）

（5）通知。通知当事人到场。当事人不到场的，邀请见证人到场。（第十八条等，冻结存款、汇款无需，第三十条等）

（6）告知。当场告知当事人采取行政强制措施的理由、依据以及当事人依法享有的权利、救济途径。（第十八条等，冻结存款、汇款无需，第三十条等）

（7）听取。听取当事人的陈述和申辩。（第十八条等，冻结存款、汇款无需，第三十条等）

（8）制作。制作现场笔录，由当事人或者见证人（当事人不到场或拒绝签章时）、行政执法人员签名或盖章，当事人拒绝的，在笔录中予以注明。（第十八条等）

（9）交付或送达。依法或在合理期间内交付或送达强制措施文书。（第二十四条、第三十条、第三十一条等）

（10）期间。

查封、扣押期限。按照不同种类的行政强制措施，依法确定不同期间。查封、扣押的期限不得超过三十日；情况复杂的，经行政机关负责人批准，可以延长，但是延长期限不得超过三十日。法律、行政法规另有规定的除外。（第二十五条等）

冻结存款、汇款期限。自冻结存款、汇款之日起三十日内，行政机关应当作出处理决定或者作出解除冻结决定；情况复杂

的，经行政机关负责人批准，可以延长，但是延长期限不得超过三十日。法律另有规定的除外。(第三十二条等)

冻结决定书交付送达期限。依照法律规定冻结存款、汇款的，作出决定的行政机关应当在三日内向当事人交付冻结决定书。(第三十一条等)

依照第六十九条规定，行政强制法中十日以内期限的规定是指工作日，不含法定节假日。

在行政处罚过程中实施行政强制措施的，注意与行政处罚期间，尤其是办案期间衔接。

6. 决定要件

(1) 决定性质：行政强制措施，是指行政机关在行政管理过程中，为制止违法行为、防止证据损毁、避免危害发生、控制危险扩大等情形，依法对公民的人身自由实施暂时性限制，或者对公民、法人或者其他组织的财物实施暂时性控制的行为。(第二条等)

(2) 决定依法采用书面形式（可选要件）。(第二十四条、第二十五条、第三十条、第三十一条、第三十二条、第三十三条等，行政强制法未规定以书面形式作出决定的强制措施，其是否采用书面形式依行政强制法以外的法律、法规等执法依据规定确定，没有规定的，依法理在当事人有要求时，应出具书面决定）

(3) 由执法组织负责人或者执法人员作出决定。

负责人决定。实施行政强制措施前，须经执法组织负责人批准。(第十八条、第二十五条、第三十二条等)

执法人员决定。情况紧急，需要当场实施行政强制措施的，行政执法人员可以决定当场实施行政强制措施。实施行政强制措施后，行政执法人员应当在二十四小时内向行政机关负责人报告，并补办批准手续。行政机关负责人认为不应当采取行政强制措施的，应当立即解除。（第十九条等）

（4）决定内容为：限制公民人身自由；查封场所、设施或者财物；扣押财物；冻结存款、汇款；其他行政强制措施。（第九条等）

（5）决定书要素依法确定。（第二十四条、第三十一条等）

（二）法律特别规定的阻却要件

1. 行政强制的设定和实施，应当适当。采用非强制手段可以达到行政管理目的的，不得设定和实施行政强制。（第五条等）

2. 行政强制措施权不得委托。（第十七条等）

（三）法律特别规定的非强制要件类的与强制要件有关的执法要件

实施行政强制，应当坚持教育与强制相结合。（第六条等）

二、相对人角度予以行政强制措施要件

（一）构成要件（重要的要件与执法组织角度要件作了关联）

1. 行为时间要件

（1）依据时效。实行行为发生在强制措施依据有效期内，且涉及新法旧法衔接适用时，新法认为该实行行为是应予强制措施的行为。（立法法第九十二条等）

（2）强制措施时效。与行政处罚有关的，依处罚时效。与行政处罚无关的，一般在"及时"，或者"即时"的时限范围。

2. 行为地点要件

实行行为发生地依强制措施依据属执法组织管辖。（依照行政强制法以外的法律、法规等执法依据规定确定）

3. 行为意识要件（可选要件）

实行行为发生时的意识状态是强制措施法律、法规依据规定的意识状态。（依照行政强制法以外的法律、法规规定确定，此要件规章等其他执法依据不能设定，且下位法规定不得扩大上位法的设定，第十条、第十一条等）

4. 行为主体（当事人，被强制措施人）要件

实行行为人属强制措施法律、法规依据所规定的个人或者单位。（依照行政强制法以外的法律、法规规定确定，此要件规章等其他执法依据不能设定，且下位法规定不得扩大上位法的设定，第十条、第十一条等）

5. 实行行为要件

（1）实际实行。行为主体实际实行了强制措施法律、法规依据所规定的、应当予以强制措施的行为。（依照行政强制法以外的法律、法规规定确定，此要件规章等其他执法依据不能设定，且下位法规定不得扩大上位法的设定，第十条、第十一条等）

（2）属本执法组织管辖。该行为属本执法组织管辖事项，或者属被指定管辖事项。（第十六条、第十七条、第七十条等）

6. 行为对象要件（可选要件）

实行行为直接作用于强制措施法律、法规依据所规定的、

具体的物、人身人格、行为、精神产品等。（依照行政强制法以外的法律、法规规定确定，此要件规章等其他执法依据不能设定，且下位法规定不得扩大上位法的设定，第十条、第十一条等）

7. 行为结果要件（可选要件）

实行行为产生了强制措施法律、法规依据所规定的后果。（依照行政强制法以外的法律、法规规定确定，此要件规章等其他执法依据不能设定，且下位法规定不得扩大上位法的设定，第十条、第十一条等）

8. 因果关系要件（可选要件）

实行行为是行为结果的原因。

等。

(二) 法律特别规定的阻却要件

违法行为情节显著轻微或者没有明显社会危害的，可以不采取行政强制措施。（第十六条等）

以上予以行政强制措施要件、相对人角度予以行政强制措施要件两类要件，是完整的作出予以强制措施决定的要件，也是作出与行政强制措施有关的其他决定的基础性要件。为避免过多重复，下列其他与强制措施有关的决定的要件，与基础性要件重复的，不再全部列出，可从上述这些基础性要件中抽取。

三、予以当场行政强制措施构成要件（可以）

1. 构成强制措施。（第十九条等）
2. 情况紧急。（第十九条等）

3. 需要当场实施。(第十九条等)

依照第十九条规定,行政执法人员应当自当场实施行政强制措施起,二十四小时内向行政机关负责人报告,并补办批准手续。行政机关负责人认为不应当采取行政强制措施的,应当立即解除。

行政强制法并未直接授权本决定,而是以要件形式对其他法律规定的本决定进行限制。

四、予以限制公民人身自由强制措施构成要件（可以）

1. 构成强制措施。(第九条等)
2. 具有法律的依据。(第十条、第十一条、第二十条等)
3. 当场告知或者实施限制公民人身自由后立即通知当事人家属实施限制公民人身自由的行政机关、地点和期限。(第二十条等)
4. 履行法律规定的限制公民人身自由其他程序。(第二十条等)

本构成要件与上述予以当场行政强制措施构成要件综合后,即为当场限制公民人身自由强制措施构成要件。依照第二十条第一款第二项的规定,构成当场实施行政强制措施,当场实施限制公民人身自由的,执法人员在返回行政机关后,立即向行政机关负责人报告并补办批准手续。本规定受第十九条"二十四小时内"和"行政机关负责人认为不应当采取行政强制措施的,应当立即解除"规定限制。

依照第二十条第二款规定,实施限制人身自由不得超过法定期限，目的已经达到或者条件已经消失，应当立即解除。

行政强制法并未直接授权本决定，而是以要件形式对其他法律规定的本决定进行限制。

五、予以查封、扣押要件（可以）

（一）构成要件

1. 构成强制措施。（第九条等）

2. 查封、扣押对象为场所、设施或者财物。（第二十三条等）

3. 查封、扣押对象限于与违法行为有关。（第二十三条等）

4. 制作查封、扣押决定书和清单。（第二十四条等）

5. 当场交付查封、扣押决定书和清单。查封、扣押清单一式二份，由当事人和行政机关分别保存。（第二十四条等）

6. 查封、扣押的期限不得超过三十日。查封、扣押的期间不包括检测、检验、检疫或者技术鉴定的期间。（第二十五条等）

7. 书面告知当事人检测、检验、检疫或者技术鉴定的明确期间。（可选要件，第二十五条等）

8. 查封、扣押决定书要素为：当事人的姓名或者名称、地址；查封、扣押的理由、依据和期限；查封、扣押场所、设施或者财物的名称、数量等；申请行政复议或者提起行政诉讼的途径和期限；行政机关的名称、印章和日期。（第二十四条等）

（二）法律特别规定的阻却要件

1. 不得查封、扣押公民个人及其所扶养家属的生活必需品。（第二十三条等）

2. 当事人的场所、设施或者财物已被其他国家机关依法查封的，不得重复查封。（第二十三条等）

依照第二十五条、第二十六条的规定，对查封、扣押物品检测、检验、检疫或者技术鉴定的费用，以及因查封、扣押发生的保管费用，由行政机关承担。

依照第二十六条规定，查封、扣押的场所、设施或者财物，行政机关应当妥善保管，不得使用或者损毁；造成损失的，应当承担赔偿责任。对查封的场所、设施或者财物，行政机关可以委托第三人保管，第三人不得损毁或者擅自转移、处置。因第三人的原因造成的损失，行政机关先行赔付后，有权向第三人追偿。

依照第二十七条规定，采取查封、扣押措施后，应当及时查清事实，在规定的期限内作出处理决定。对违法事实清楚，依法应当没收的非法财物予以没收；法律、行政法规规定应当销毁的，依法销毁；应当解除查封、扣押的，作出解除查封、扣押的决定。

依第二十六条规定，被查封、扣押物转移占有，由执法组织或者其委托的第三人保管，不由当事人占有、保管。

行政强制法并未直接授权本决定，而是以要件形式对其他法律、法规规定的本决定进行限制。

六、予以延长查封、扣押构成要件（可以）

1. 查封、扣押决定已作出且已生效。（第二十五条等）
2. 情况复杂。（第二十五条等）

3. 行政机关负责人批准。(第二十五条等)

4. 延长期限不超过三十日。法律、行政法规另有规定的除外。(第二十五条等)

5. 书面告知当事人,并说明理由。(第二十五条等)

延长查封、扣押决定,在实质上是一个新的查封、扣押决定,基于法律规定和执法绩效原则,原查封、扣押要件未发生变化的情况下,依照本要件,简化原查封、扣押要件直接作出延长查封、扣押决定。法律、法规对延长查封、扣押规定的未尽事宜,在执法办案中需要的,可以参照予以查封、扣押的规定执行。

行政强制法直接授权本决定。

七、予以解除查封、扣押构成要件(应当)

1. 查封、扣押决定已作出且已生效。(第二十八条等)
2. 具有下列要件之一:(第二十八条等)

当事人没有违法行为;

查封、扣押的场所、设施或者财物与违法行为无关;

行政机关对违法行为已经作出处理决定,不再需要查封、扣押;

查封、扣押期限已经届满;

其他不再需要采取查封、扣押措施的情形。

3. 以书面决定告知当事人。(以书面作出查封、扣押决定,以书面作出解除查封、扣押决定)

依据第二十八条第二款规定,解除查封、扣押应当立即退还财物;已将鲜活物品或者其他不易保管的财物拍卖或者变卖的,退还拍卖或者变卖所得款项。变卖价格明显低于市场价格,给当事人造成损失的,应当给予补偿。

行政强制法直接授权本决定。

注意,查封、扣押后,执法组织发现不构成查封、扣押,即存在查封、扣押阻却要件(见予以查封、扣押要件,以及予以行政强制措施要件、相对人角度予以行政强制措施要件),且不构成解除查封、扣押的,应当予以补正(主要是指程序要件,行政诉讼法第七十四条),不能补正或者补正后仍属严重违法的(如没有查封、扣押职权,属重复查封等),应当予以撤销,撤销的,对当事人产生解除查封、扣押效果。撤销后,满足构成要件,且无阻却要件,确有必要的,可以重新查封、扣押。

八、予以冻结要件(可以)

(一)构成要件

1. 构成强制措施。(第九条等)

2. 由法律规定的行政机关实施。(第二十九条等)

3. 具有法律的依据。(第十条、第十一条、第三十条等)

4. 冻结存款、汇款的数额与违法行为涉及的金额相当。(第二十九条等)

5. 冻结期限不超过三十日。(第三十二条等)

6. 依法制作并向金融机构交付冻结通知书。(第三十条等)

7. 自冻结存款、汇款之日起,三日内向当事人交付冻结决定书。(第三十一条等)

8. 冻结决定书要素为：当事人的姓名或者名称、地址；冻结的理由、依据和期限；冻结的账号和数额；申请行政复议或者提起行政诉讼的途径和期限；行政机关的名称、印章和日期。（第三十一条等）

（二）法律特别规定的阻却要件

存款、汇款已被其他国家机关依法冻结的，不得重复冻结。（第二十九条等）

依照第三十条第二款规定，金融机构接到行政机关依法作出的冻结通知书后，应当立即予以冻结，不得拖延，不得在冻结前向当事人泄露信息。此规定可在对金融机构的冻结通知书中提醒列明。

依文义解释，据第三十条第一款规定，向金融机构交付冻结通知书时，亦应当制作现场笔录，并且应采人往式直接送达。在冻结存款、汇款前，冻结具有保密性，执法人员、金融机构负对被冻结当事人保密义务，冻结后，保密义务解除。

行政强制法并未直接授权本决定，而是以要件形式对其他法律规定的本决定进行限制。

九、予以延长冻结构成要件（可以）

1. 冻结存款、汇款决定已作出且已生效。（第三十二条等）

2. 情况复杂。（第三十二条等）

3. 行政机关负责人批准。（第三十二条等）

4. 延长期限不超过三十日。法律另有规定的除外。（第三十二条等）

5. 书面通知金融机构。（第三十条、第三十三条等）

6. 书面告知当事人，并说明理由。（第三十二条等）

延长冻结存款、汇款决定，在实质上是一个新的冻结决定，基于法律规定和执法绩效原则，在原冻结要件未发生变化的情况下，依照本要件，简化原冻结要件直接作出延长冻结决定。法律对延长冻结规定的未尽事宜，在执法办案过程中需要的，可以参照予以冻结的规定执行。

行政强制法直接授权本决定。

十、予以解除冻结构成要件（应当）

1. 冻结决定已作出且已生效。（第三十三条等）

2. 具有下列要件之一：（第三十三条等）

当事人没有违法行为；

冻结的存款、汇款与违法行为无关；

行政机关对违法行为已经作出处理决定，不再需要冻结；

冻结期限已经届满；

其他不再需要采取冻结措施的情形。

3. 书面通知金融机构。（第三十三条等）

4. 书面通知当事人。（第三十三条等）

依据第三十三条第三款规定，行政机关逾期未作出处理决定或者解除冻结决定的，金融机构应当自冻结期满之日起解除冻结。

注意，冻结后，执法组织发现不构成冻结，即存在冻结阻却要件（见予以冻结要件，以及予以行政强制措施要件、相对人角度予以行政强制措施要件），且不构成解除冻结的，应当予以补正（主要是指程序要件，行政诉讼法第七十四条），不能补正或者补正后仍属严重违法的（如没有冻结职权，属重复冻结等），应当予以撤销，撤销的，对当事人产生解除冻结效果。撤销后，满足构成要件，且无阻却要件，确有必要的，可以重新冻结。

行政强制法直接授权本决定。

十一、行政执法组织予以行政强制执行要件（可以）

（一）构成要件

1. 组织要件

执法组织具有对特定执法决定的强制执行职权。

（1）事项管辖。依执法组织的"三定"规定等和法律、行政法规的规定，执法组织具有对特定执法决定的强制执行职权，即该强制执行事项在本组织的执法事项（权责事项）清单内。（第三十四条、第四十五条、第五十条、第七十条等，法律依法设定行政强制执行事项，该事项由非行政机关的执法组织管辖，依法律、行政法规的规定执行）

（2）先行执法决定强制执行管辖。被决定强制执行的执法决定已经由本执法组织作出生效，或者虽不属本执法组织已经作出生效的执法决定，但对该决定的强制执行事项属本组织管辖。（第三十四条、第四十五条、第五十条等，存在执行主体与先行决定主体分离情况）

依照第七十条规定，法律、行政法规授权的具有管理公共事务职能的组织在法定授权范围内,以自己的名义实施行政强制,适用行政强制法有关行政机关的规定。这说明,行政强制执行组织包括具有强制执行职权的行政机关,以及法律、行政法规授予强制执行职权的、具有管理公共事务职能的组织。

2. 依据要件

具有合法的法律依据。(第十三条等)

具有公开的法律依据。(立法法第二十五条、第四十四条等)

具有有效的法律依据。(依照行政强制法以外的法律等执法依据规定确定,或者依法理决定行政强制执行的依据在其有效期间内)

3. 根据要件

先行执法决定已作出且已生效。(第三十四条等)

具有清楚的先行执法决定不履行的事实根据。(依行政复议法第二十八条,事实根据的最低要求是清楚。对事实根据证明标准的要求,依行政强制法以外的法律等执法依据规定确定)

根据要件,对应相对人角度行政执法组织予以行政强制执行构成要件,见下述。

4. 证据要件

具有合法的证据。(行政诉讼法第三十四条、第四十三条等)

具有真实的证据。(行政复议法第二十三条、第二十八条等)

具有充足的证据。(行政复议法第二十三条、第二十八条等)

5. 理由等程序要件

(1) 具有强制执行理由。(第三十七条等)

(2) 催告。作出强制执行决定前,事先催告当事人履行义

务。催告以书面形式作出。(第三十五条等)

(3) 告知。在催告书中告知当事人依法享有的陈述权和申辩权。(第三十五条等)

(4) 听取与复核。充分听取当事人陈述申辩意见,对当事人提出的事实、理由和证据,进行记录、复核。当事人提出的事实、理由或者证据成立的,予以采纳。(第三十六条等)

(5) 交付或送达。催告书、行政强制执行决定书直接送达当事人。当事人拒绝接收或者无法直接送达当事人的,依照《中华人民共和国民事诉讼法》的有关规定送达。其他强制执行文书依法或在合理期间内交付或送达当事人。(第三十八条、第五十一条等)

(6) 期间。按照不同种类的行政强制执行,依法确定不同期间。(第四十六条、第五十一条等)

依照第六十九条规定,行政强制法中十日以内期限的规定是指工作日,不含法定节假日。

6. 决定要件

(1) 决定性质:行政机关行政强制执行,是指行政机关对不履行行政决定的公民、法人或者其他组织,依法强制履行义务的行为。(第二条等)

(2) 决定依法采用书面形式。(第三十七条等)

(3) 由执法组织负责人作出决定。(第三十七条、第四十四条、第四十五条、第四十六条、第四十七条、第五十条等)

(4) 决定内容为:加处罚款或者滞纳金;划拨存款、汇款;拍卖或者依法处理查封、扣押的场所、设施或者财物;排除妨

碍、恢复原状；代履行；其他强制执行方式。(第十二条等)

（5）决定书要素为：当事人的姓名或者名称、地址；强制执行的理由和依据；强制执行的方式和时间；申请行政复议或者提起行政诉讼的途径和期限；行政机关的名称、印章和日期。(第三十七条等)

（二）法律特别规定的阻却要件

1. 行政强制的设定和实施，应当适当。采用非强制手段可以达到行政管理目的的，不得设定和实施行政强制。(第五条等)

2. 不得在夜间或者法定节假日实施行政强制执行。但是，情况紧急的除外。(第四十三条等)

3. 不得对居民生活采取停止供水、供电、供热、供燃气等方式迫使当事人履行相关行政决定。(第四十三条等)

（三）法律特别规定的非强制要件类的与强制要件有关的执法要件

实施行政强制，应当坚持教育与强制相结合。(第六条等)

特别注意，构成强制执行，必须存在先行执法决定，以执法决定确定的义务不履行为要件，而非单纯以法定义务不履行为要件。以法定义务不履行为由，执法组织依法作出决定，该决定即使与行政强制法规定的，强制执行方式表述完全一致或者相似，亦不构成强制执行。例如，我国社会保险法第八十六条规定，用人单位未按时足额缴纳社会保险费的，由社会保险费征收机构责令限期缴纳或者补足，并自欠缴之日起，按日加收万分之五的滞纳金；逾期仍不缴纳的，由有关行政部门处欠缴数额一倍以上三倍以下的罚款。在社会保险费征收机构作出责令限期缴纳或者补足，并自欠缴之日起，按日加收万分之五的滞纳金决定之前，并未对特定当事人作出要求其缴纳社会保险费的决定的，则加收滞纳金的决定不属强制执行决定，因为其不满足"必须存在先行执法决定"强制执行构成要件。在社会保险费征收机构作出责令限期缴纳或者补足，并自欠缴之日起，按日加收万分之五的滞纳金决定之前，作出了要求特定当事人缴纳社会保险费的决定，并以该决定不履行为由（而非以法定义务不履行为由）加收滞纳金的，属强制执行。

十二、相对人角度行政执法组织予以行政强制执行构成要件

1. 行为时间要件

（1）履行期限。实行行为持续存在于先行执法决定规定的义务履行期限内。（第三十四条等）

（2）依据时效。实行行为存在于强制执行依据有效期内，且涉及新法旧法衔接适用时，新法认为该实行行为是应予强制执行的行为。（立法法第九十二条等）

（3）强制执行时效。立即代履行的时效为"立即"，其他强制执行时效，依照行政强制法以外的法律等执法依据规定确定，没有规定的，一般在"及时"的时限范围。（第五十二条等）

2. 行为地点要件

行为主体未在先行执法决定规定的地点履行义务。（第三十四条等）

3. 行为意识要件（可选要件）

实行行为存续期间的意识状态是强制执行法律依据规定的意识状态。（依照行政强制法以外的法律规定确定）

4. 行为主体（被强制执行人）要件

实行行为人是先行执法决定的当事人。（第三十四条等）

5. 实行行为要件

（1）实际实行。行为主体对先行执法决定所规定的决定内容不履行。（第三十四条等）

（2）属本执法组织管辖。对未被履行的先行执法决定的强制执行属本执法组织管辖事项。（第三十四条、第四十五条、第五十条、第七十条等）

6. 行为对象要件（可选要件）

行为主体未对先行执法决定规定的对象履行义务。（第三十四条等）

7. 行为结果要件（可选要件）

实行行为产生了强制执行法律依据或者先行执法决定所规定的后果。（依照法律等执法依据规定确定，行政强制法直接规定了代履行的行为结果要件，第五十条等）

8. 因果关系要件（可选要件）

实行行为是行为结果的原因。

等。

行政强制法明定的加处罚款或者滞纳金、划拨存款、汇款，拍卖或者依法处理查封、扣押的场所、设施或者财物，排除妨碍、恢复原状，代履行等强制执行方式，都是针对先行执法决定设定的当事人作为义务不履行的方式，对于不作为义务的不履行，比如责令停产停业不履行等的强制执行，依有关法律和行政强制法规定分析要件。

以上行政执法组织予以行政强制执行要件、相对人角度行政执法组织予以行政强制执行构成要件两类要件，是完整的作出予以强制执行决定的要件，也是作出与行政强制执行有关的其他决定的基础性要件。为避免过多重复，下列其他与强制执行有关的决定的要件，与基础性要件重复的，不再全部列出，可从上述这些基础性要件中抽取。

十三、行政执法组织予以立即强制执行构成要件（可以）

1. 催告当事人履行义务决定已作出且已生效。（第三十七条等）

2. 在催告期间。（第三十七条等）

3. 当事人或其他人员有转移或者隐匿财物迹象。（第三十七条等）

4. 有证据证明。（第三十七条等）

行政强制法直接授权本决定。

十四、行政执法组织予以中止执行构成要件（应当）

1. 先行执法决定已作出且已生效。（第三十九条等）

2. 已超过先行执法决定规定的履行期限。（第三十四条、第三十九条等）

3. 当事人不履行。(第三十四条、第三十九条等)

4. 具备下列要件之一：(第三十九条等)

当事人履行先行执法决定确有困难或者暂无履行能力的；

第三人对执行标的主张权利，确有理由的；

执行可能造成难以弥补的损失，且中止执行不损害公共利益的；

行政机关认为需要中止执行的其他情形。

依第三十九条，中止执行的情形消失后，行政机关应当恢复执行。

行政强制法直接授权本决定。

十五、行政执法组织予以不再执行构成要件（应当）

1. 构成中止执行。(第三十九条等)

2. 中止执行决定已作出且已生效。(第三十九条等)

3. 中止执行满三年未恢复执行。(第三十九条等)

4. 当事人确无能力履行。(第三十九条等)

5. 没有明显社会危害。(第三十九条等)

行政强制法直接授权本决定。

十六、行政执法组织予以终结执行构成要件（应当）

1. 先行执法决定已作出且已生效。(第四十条等)

2. 已超过先行执法决定规定的履行期限。(第三十四条、第四十条等)

3. 当事人不履行。(第三十四条、第四十条等)

4. 具备下列要件之一：（第四十条等）

公民死亡，无遗产可供执行，又无义务承受人的；

法人或者其他组织终止，无财产可供执行，又无义务承受人的；

执行标的灭失的；

据以执行的行政决定被撤销的；

行政机关认为需要终结执行的其他情形。

行政强制法直接授权本决定。

十七、予以签订执行协议构成要件（可以）

1. 先行执法决定已作出且已生效。（第四十二条等）
2. 已超过先行执法决定规定的履行期限。（第三十四条、第四十二条等）
3. 当事人不履行。（第三十四条、第四十二条等）
4. 不损害公共利益和他人合法权益。（第四十二条等）

依第四十二条，执行协议可以约定分阶段履行；当事人采取补救措施的，可以减免加处的罚款或者滞纳金。

依第四十二条，执行协议应当履行。当事人不履行执行协议的，行政机关应当恢复强制执行。

依当然解释，在进入强制执行程序前，先行执法决定作出生效后这段时间，即当事人履行先行执法决定期间，执法组织亦可以与当事人在符合构成要件情况下达成执行协议。

行政强制法直接授权本决定。

十八、行政执法组织对违法的建筑物、构筑物、设施等予以强制拆除构成要件（可以）

1. 先行执法决定内容为限期拆除违法的建筑物、构筑物、设施等。（第四十四条等）

2. 强制拆除决定已作出且已生效。（第四十四条等）

3. 公告强制拆除决定，限期当事人自行拆除。（第四十四条等）

4. 当事人在法定期限内不申请行政复议或者提起行政诉讼，又不拆除。（第四十四条等）

对违法的建筑物、构筑物、设施等强制拆除包括两段决定，公告前作出第一段决定，最终实施强制拆除是第二段决定，是实施决定，其以本构成要件中第四个要件为前提。在确定第一段决定中的强制执行时间时，应充分考虑公告期间、当事人自行拆除期间、申请行政复议期间、起诉期间。

违法的建筑物、构筑物、设施的状态构成排除妨碍、恢复原状执法决定，且符合代履行构成要件的，依代履行强制执行。

法律规定由执法组织直接强制拆除违法物，不构成行政强制法规定的强制执行，因其无先行执法决定要件，亦不属于强制措施，因其不符合强制措施性质，依法实施即可。例如，我国道路交通安全法第九十七条规定，非法安装警报器、标志灯具的，由公安机关交通管理部门强制拆除，予以收缴，并处二百元以上二千元以下罚款。本条强制拆除不构成强制执行，可与予以收缴联系理解，视为没收非法财物（收缴）的一个环节，按行政处罚对待。

行政强制法并未直接授权本决定，而是以要件形式对其他法律规定的本决定进行限制。

十九、行政执法组织予以加处罚款或者滞纳金构成要件（可以）

1. 先行执法决定内容为金钱给付义务。（第四十五条等）

2. 已依法催告，当事人逾期仍不履行，且无正当理由。（第三十七条等）

3. 加处罚款或者滞纳金的数额不超出先行执法决定所确定的金钱给付义务的数额。（第四十五条等）

4. 将加处罚款或者滞纳金的标准告知当事人。（第四十五条等）

行政强制法第三十五条规定，行政机关作出强制执行决定前，应当事先催告当事人履行义务。第三十七条规定，经催告，当事人逾期仍不履行行政决定，且无正当理由的，行政机关可以作出强制执行决定。这两个规定作为一般规定，依体系解释，对第四十五条行政机关依法作出金钱给付义务的行政决定，当事人逾期不履行的，行政机关可以依法加处罚款或者滞纳金的规定构成限制，即加处罚款或者滞纳金前，应催告。催告要件是否存在，在加处罚款或者滞纳金执法办案实践中有争议，依限缩解释，亦可得出无此要件结论，在立法机关未作出修改或者解释之前，留存催告要件为妥。

加处罚款概念清楚，加处滞纳金概念较为复杂，分两种情况。第一种，加收滞纳金不构成强制执行，理由实例见行政执法组织予以行政强制执行要件。又如，我国税收征收管理法第三十二条规定，纳税人未按照规定期限缴纳税款的，扣缴义务人未按照规定期限解缴税款的，税务机关除责令限期缴纳外，从滞纳税款之日起，按日加收滞纳税款万分之五的滞纳金。第三十一条第一款规定，纳税人、扣缴义务人按照法律、行政法规规定或者税务机关依照法律、行政法规的规定确定的期限，缴纳或者解缴税款。纳税人、扣缴义务人未依法律、行政法规规定的期限缴纳、解缴税款，税务机关责令限期缴纳，并加收滞纳金，此处的加收滞纳金不构成强制执行。对于此类不构成强制执行的加收滞纳金决定的不履行，依行政强制法，在符合加处滞纳金构成要件的情况下，应可加处滞纳金，此时的加处滞纳金构成强制执行。第二种，加处滞纳金构成强制执行。如上例，纳税人、扣缴义务人未依税务机关确定的期限（先行执法决定）缴纳、解缴税款，此时加收滞纳金则依行政强制法构成强制执行。又如，我国劳动法第一百条规定，用人单位无故不缴纳社会保险费的，由劳动行政部门责令其限期缴纳；逾期不缴的，可以加收滞纳金。依此加收滞纳金，构成强制执行。

查现行有效法律、行政法规，除行政强制法外，无加处滞纳金表述，行政强制法加处滞纳金应指加收滞纳金。

行政强制法并未直接授权本决定，而是以要件形式对其他法律规定的本决定进行限制。

二十、行政执法组织予以拍卖查封、扣押的财物抵缴罚款构成要件（可以）

1. 行政强制法以外的法律，未授予作出先行执法决定的执法组织拍卖查封、扣押的财物抵缴罚款强制执行权。

2. 先行执法决定内容为罚款。（第四十六条等）

3. 已加处罚款或者滞纳金，且已超过三十日。（第四十六条等）

4. 当事人在法定期限内不对先行执法决定申请行政复议或者提起行政诉讼。（第四十六条等）

5. 已依法催告，当事人仍不履行。（第四十六条等）

6. 已在先行执法决定形成过程中，或者在先行执法决定作出后，实施强制执行前依法采取查封、扣押强制措施。（第四十六条等）

依第四十八条规定，依法拍卖财物，由行政机关委托拍卖机构依照《中华人民共和国拍卖法》的规定办理。

依第四十九条规定，拍卖和依法处理所得的款项应当上缴国库或者划入财政专户。任何行政机关或者个人不得以任何形式截留、私分或者变相私分。

因有当事人在法定期限内不对先行执法决定申请行政复议或者提起行政诉讼要件限制，按照现行行政诉讼法六个月起诉期限的规定，以及行政强制法第二十五条关于查封、扣押期限和延长期限的规定，查封、扣押期限最长六十日，这使得执法组织以拍卖查封、扣押财物方式强制执行在很多情况下不可能。

查封、扣押讲究的是及时性，在很多情况下并不能为了卡住强制执行时限节点才去查封、扣押。如果为了卡强制执行时限节点查封、扣押，则查封、扣押这种重要执法手段在执法办案中的意义将大打折扣。延长查封、扣押期限届满，对同一财物重新再次查封、扣押，属变相延长查封、扣押，有违法律。

执法组织在特定案件中查封、扣押不能，或者查封、扣押期限不能延长至催告结束，作出拍卖查封、扣押财物决定之时，丧失对该案件拍卖查封、扣押财物的强制执行权。

依文义解释，行政强制法中的"具有行政强制执行权"首先是指行政强制法以外的法律所授予的强制执行权（包含但不限于行政强制法规定的强制执行权种类），其次是指在符合行政强制法规定的特定构成要件情况下，其所普遍授予的拍卖查封、扣押的财物，代履行等强制执行权。执法组织在行使行政强制法以外的法律授予的强制执行权时，受行政强制法限制，尤其是该强制执行权属行政强制法规定的强制执行种类时，受行政强制法规定的相应构成要件的限制。但是，以"没有行政强制权"为要件的行政强制法规定的强制执行种类，行政强制法以外的法律规定的同种类强制执行，不受该强制执行种类在行政强制法上的构成要件限制。例如本决定，行政强制法以外的法律授予作出先行执法决定的执法组织，拍卖查封、扣押财物抵缴罚款强制执行权，则为有强制执行权，则为不符合行政强制法规定的本决定构成要件，此时，依授权法律分析要件，不受行政强制法规定的本决定要件限制。

行政强制法直接授权本决定。

依法作出的先行执法决定内容为非罚款的金钱给付义务，为强制执行而拍卖查封扣押物的，依照该法分析要件，不构成行政强制法规定的本行政执法组织予以拍卖查封、扣押的财物决定，例如依税收征收管理法第四十条规定拍卖查封扣押物。

二十一、行政执法组织予以划拨存款、汇款构成要件（可以）

1. 先行执法决定内容为金钱给付义务。（第四十七条等，其在第二节金钱给付义务的执行内）

2. 已加处罚款或者滞纳金，且已超过三十日。（第四十六条等）

3. 已依法催告，当事人仍不履行。（第四十六条等）

4. 已在先行执法决定形成过程中，或者在先行执法决定作出后，实施强制执行前依法采取冻结强制措施。（第四十六条等）

5. 由法律规定的行政机关决定。（第四十七条等）

6. 书面通知金融机构。（第四十七条等）

依第四十七条规定，金融机构接到行政机关依法作出划拨存款、汇款的决定后，应当立即划拨。法律规定以外的行政机关或者组织要求划拨当事人存款、汇款的，金融机构应当拒绝。

依第四十九条规定，划拨的存款、汇款应当上缴国库或者划入财政专户。任何行政机关或者个人不得以任何形式截留、私分或者变相私分。

有关问题，参见上述行政执法组织予以拍卖查封、扣押的财物构成要件有关内容。

行政强制法并未直接授权本决定，而是以要件形式对其他法律规定的本决定进行限制。

二十二、行政执法组织予以代履行要件（可以）

（一）构成要件

1. 先行执法决定内容为排除妨碍、恢复原状等。（第五十条等）

2. 已依法进行强制执行催告。（第五十条等）

3. 不履行的行为后果已经或者将危害交通安全、造成环境污染或者破坏自然资源。（第五十条等）

4. 送达代履行决定书，载明当事人的姓名或者名称、地址，代履行的理由和依据、方式和时间、标的、费用预算以及代履行人。（第五十一条等）

5. 实施代履行三日前，再次催告当事人履行。（第五十一条等）

（二）法律特别规定的阻却要件。

1. 代履行催告期间，当事人履行的，停止代履行。（第五十一条等）

2. 代履行不得采用暴力、胁迫以及其他非法方式。（第五十一条等）

依照第五十一条规定，实施代履行时，作出决定的行政机关应当派员到场监督。代履行完毕，行政机关到场监督的工作人员、代履行人和当事人或者见证人应当在执行文书上签名或者盖章。代履行的费用按照成本合理确定，由当事人承担。但是，法律另有规定的除外。

依照第五十条规定，行政机关可以委托没有利害关系的第三人代履行。

依文义解释，在不履行的行为后果已经或者将危害交通安全、造成环境污染或者破坏自然资源的情况下，将代履行规定为执法组织的职责意义上的职权似乎更妥，即将第五十条的"行政机关可以代履行"，规定为"行政机关应当代履行"。

行政强制法直接授权本决定。

二十三、行政执法组织予以立即代履行构成要件（可以，具有应当意义）

1. 对象限于道路、河道、航道或者公共场所的遗洒物、障碍物或者污染物。（第五十二条等）
2. 需要立即清除。（第五十二条等）
3. 当事人不能清除。（第五十二条等）

依第五十二条规定，当事人不在场的，行政机关应当在事后立即通知当事人，并依法作出处理。

第五十二条"行政机关可以决定立即实施代履行"的规定，在紧急情况下，应作"行政机关应当决定立即实施代履行"理解。

行政强制法直接授权本决定。

二十四、予以申请人民法院强制执行构成要件（可以，具有应当意义）

1. 作出先行执法决定的执法组织及其他执法组织，没有对先行执法决定的强制执行权。（第五十三条等）

2. 先行执法决定合法有效。（第五十七条等）

3. 未在中止执行、执行协议履行期间，未不再执行、终结执行。（第三十九条、第四十条、第四十二条等）

4. 当事人在先行执法决定规定的期限（含恢复执行决定规定的期限，第三十九条、第四十二条等）内不履行义务。（第五十三条等）

5. 当事人在法定期限内不申请行政复议或者提起行政诉讼。（第五十三条等）

6. 自期限（本构成要件第四个要件的期限与第五个要件的期限中最长的期限）届满之日起三个月内。（第五十三条等）

7. 已依法催告当事人履行义务。（第五十四条等）

8. 催告书送达十日后当事人仍未履行义务。（第五十四条等）

9. 向所在地有管辖权的人民法院申请强制执行。执行对象是不动产的，向不动产所在地有管辖权的人民法院申请强制执行。（第五十四条等）

10. 决定性质：行政强制执行，是指行政机关申请人民法院对不履行行政决定的公民、法人或者其他组织，依法强制履行义务的行为。（第二条等）

11. 申请强制执行材料包括：强制执行申请书；先行执法决

定书及作出决定的事实、理由和依据；当事人的意见及行政机关催告情况；申请强制执行标的情况；法律、行政法规规定的其他材料。（第五十五条等）

12. 强制执行申请书由行政机关负责人签名，加盖行政机关的印章，并注明日期。（第五十五条等）

依第六十条规定，行政机关申请人民法院强制执行，不缴纳申请费。强制执行的费用由被执行人承担。

第一个要件中"没有对先行执法决定的强制执行权"，是指既没有行政强制法以外的法律规定的强制执行权，也没有行政强制法所规定的强制执行权，或者执法组织用尽法律赋予的强制执行权后，仍未达到执法决定被完全执行的效果，且该执法决定尚有被完全执行的可能。执法组织有强制执行权，但由于自身原因丧失执行权的，不符合本要件。

二十五、予以申请人民法院立即强制执行构成要件（可以，具有应当意义）

1. 构成申请人民法院强制执行。（第五十九条等）
2. 因情况紧急。（第五十九条等）
3. 为保障公共安全。（第五十九条等）

第二题　行政强制流程

一、查封、扣押流程示例

适用条件：构成查封、扣押。

法律授权：行政强制法第十条、第二十二条等并其他法律、法规。没有行政强制法以外的法律、法规的依据，不得实施查封、扣押。

查封、扣押准备
依照法律、法规和强制措施案件具体案情
确定查封、扣押对象，准备查封、扣押文书等物质要件。履行报批手续
|
查封、扣押实施

实施程序为：
1. 由两名以上具有执法资格的人员实施查封、扣押。按照规定拍照、录音、录像。
2. 向被查封、扣押物管控人及有关人员表明身份、出示执法证件。管控人非当事人的，通知当事人到场。当事人不到场的，邀请见证人到场。同时，开始制作查封、扣押现场笔录。
3. 当场告知当事人采取查封、扣押理由、依据、意思，告知当事人依法享有的权利、救济途径。当事人不到场的，此程序略，执法人员在笔录中注明。
4. 向当事人当场交付查封、扣押决定书。当事人不到场的，此程序略；当事人当场拒收决定书或不到场的，依法送达，执法人员在现场笔录中注明。
5. 听取当事人的陈述和申辩。当事人不到场的，此程序略，执法人员在笔录中注明。
6. 由执法人员按照规定确定查封、扣押物具体的名称、数量、规格、位置等，制作查封、扣押清单，一式两份。
7. 确定完毕，由执法人员与当事人（见证人）共同点验、核对清单所列物品。

8. 点验完毕，由当事人（见证人）、执法人员在清单上签名或盖章；当事人拒绝或不到场的，执法人员在清单上注明。
9. 向当事人当场交付一份清单。当事人当场拒收清单或不到场的，依法送达，执法人员在笔录中注明。
10. 由当事人（见证人）核对笔录，无误后签署意见，签名或盖章；执法人员签名或盖章；当事人拒绝或不到场的，执法人员在笔录上注明。
11. 查封、扣押和查封、扣押笔录应当遵循查封、扣押规范和查封、扣押笔录制作规范。
12. 遵守其他规定。法律、法规、规章另有规定的，从其规定。

查封、扣押完结
将查封、扣押笔录等相关资料附卷归档

二、代履行流程示例

适用条件：构成代履行。

法律授权：行政强制法第五十条等并其他法律。满足构成要件，可以直接依据行政强制法实施代履行。

代履行准备
依照法律和强制执行案件具体案情
确定代履行对象，准备代履行文书等物质要件

代履行实施

实施程序为：
1. 强制执行催告期满后，制作并送达代履行决定书。
2. 在代履行决定书载明的代履行时间三日前，依照第三十五条、第三十六条、第三十八条的规定，对当事人进行代履行催告。
3. 委托第三人代履行的，派员到场监督。
4. 向被排除妨碍、恢复原状物管控人及有关人员表明身份、出示执法证件。管控人非当事人的，通知当事人到场。当事人不到场的，邀请见证人到场。同时，开始制作排除妨碍、恢复原状现场笔录。

5. 当场向当事人宣读代履行决定书，说明当事人代履行催告期间不履行的事实。当事人不到场的，此程序略，执法人员在笔录中注明。
6. 开始排除妨碍、恢复原状。
7. 代履行完毕，由当事人（见证人）、代履行人核对笔录，无误后签署意见，签名或盖章；执法人员签名或盖章；当事人拒绝或不到场的，执法人员在笔录上注明。
8. 代履行和代履行笔录应当遵循代履行规范和代履行笔录制作规范。
9. 遵守其他规定。法律、法规、规章另有规定的，从其规定。

代履行完结
将代履行笔录等相关资料附卷归档

第三题　行政强制文书

一、行政强制事项内部审批表格式文书式样示例

_____审批表

编号：_____

当事人	姓名名称		法定代表人负责人姓名	
	出生年月		联系方式	
	单　位			
	身份证号码及统一社会信用代码			
案　由			案号	
事　项	□催告　□解除查封、扣押　□加处罚款　□强制拆除……			
依据根据证据理由	承办人： 年　月　日			
部门审查意见	负责人： 年　月　日			
法制审核意见	负责人： 年　月　日			
行政执法组织意见	负责人： 年　月　日			

说明：

本格式文书式样示例适用于所有行政强制事项的内部审批格式文书式样制作，其他问题参考有关要件及行政处罚事项内部审批表格式文书式样示例有关说明。

二、查封、扣押现场笔录格式文书式样示例

查封/扣押笔录

时间：＿＿年＿月＿日＿时＿分至＿＿年＿月＿日＿时＿分

地点：＿＿＿＿＿＿＿＿＿＿＿＿＿＿＿＿＿＿＿＿＿＿

内容：对＿＿＿＿＿＿＿＿＿＿实行□查封 □扣押

当事人姓名名称：＿＿＿＿法定代表人（负责人）姓名：

性别：＿＿民族：＿＿身份证号码及统一社会信用代码：＿＿

工作单位：＿＿＿＿＿＿＿＿职务或职业：＿＿＿＿＿＿

住址：＿＿＿＿＿＿＿＿＿＿＿＿电话：＿＿＿＿＿＿＿

见证人姓名：＿＿＿＿＿＿＿＿联系方式：＿＿＿＿＿＿

查封（扣押）人员姓名：＿＿、＿＿执法证号码：＿＿、＿＿

记录人员姓名：＿＿＿＿＿＿＿＿执法证号码：＿＿＿＿＿

通知当事人及有关人员到场情况：＿＿＿＿＿＿＿＿＿＿＿

表明身份，出示证件，说明查封、扣押理由、依据、意思，告知权利记录：

×××（姓名）说：我们是＿＿＿＿＿＿＿的执法人员，这是我们的执法证件，请过目。因＿＿＿＿＿＿＿＿＿＿与＿＿＿＿＿＿＿＿＿＿案有关，依据《＿＿＿＿＿＿＿＿》第＿＿＿＿，《中华人民共和国行政强制法》第十八条的规定，我们＿＿位执

法人员现对＿＿＿＿＿＿进行查封/扣押，请你（们）配合。/你（们/单位）作为当事人，有权陈述、申辩，有权依法申请行政复议或者提起行政诉讼。你（们）听清楚了吗？

当事人及有关人员答：＿＿＿＿＿＿＿＿＿＿＿＿

×××（姓名）说：我们的执法证件你（们）看清楚了吗？

当事人及有关人员答：＿＿＿＿＿＿＿＿＿＿＿＿

×××（姓名）说：/你（们/单位）作为当事人，是否陈述、申辩？如陈述、申辩请说明具体内容。

当事人答：＿＿＿＿＿＿＿＿＿＿＿＿＿＿＿＿

×××（姓名）说：我们已经听取了你（们/单位）的陈述、申辩。开始查封/扣押。

记录人：开始查封/扣押。查封/扣押实施情况记录：＿＿＿＿

＿＿＿＿＿＿＿＿＿＿＿＿＿＿＿＿＿＿＿＿＿＿＿＿

＿＿＿＿＿＿＿＿＿＿＿＿＿＿＿＿＿＿＿＿＿＿＿＿

记录人：当事人及有关人员、见证人核对笔录。核对完毕。

当事人及有关人员对笔录的意见：（经核对，记录准确无误）

当事人及有关人员签名或盖章：＿＿＿＿＿　　年　月　日

见证人对笔录的意见：（经核对，记录准确无误）

见证人签名或盖章：＿＿＿＿＿＿＿＿　　年　月　日

执法人员签名或盖章：＿＿＿＿、＿＿＿＿　年　月　日

第　页（共　页）

说明：

本格式文书式样示例适用于查封、扣押现场笔录格式文书式样制作，其他问题参考有关要件及行政处罚文书中的行政检查、抽样取证、证据先行登记保存等现场、勘验笔录格式文书式样示例有关说明。其他行政强制现场笔

录(如代履行现场笔录)格式文书式样可在本示例基础上修改、简化。

所有的执法文书中的现场笔录大同小异,但是要注意"小异"上的差别,以准确表达不同执法决定的不同要件,以使文书更多的承载执法要件,以便提高执法办案质量,减轻一线执法人员负担。

三、查封、扣押决定书格式文书式样示例

查封/扣押决定书

____强措决字 [　　　] 第　号

当事人姓名名称：_____

法定代表人负责人姓名：_____

身份证号码及统一社会信用代码：_____

住址住所：_____ 联系方式：_____

因你(单位)的_____(场所、设施、财物名称)涉嫌与_____违法行为有关,依据《_____》第_____/,《中华人民共和国行政强制法》第二十五条第一款的规定,本机关决定：

对你(单位)的上述场所/设施/财物予以查封/扣押,具体名称、数量等详见清单。查封/扣押期限为：_____年__月__日至_____年__月__日。

你(单位)如不服本查封/扣押决定,可以自收到本决定书之日起____内向_____申请行政复议,也可以_____内向_____人民法院提起行政诉讼。/可以自收到本决定书之日起____内,依据《_____》第_____的规定,先向_____申请行政复议,对复议决定不服的,再依法向人民法院提起行政诉讼。/可以自收到本决

定书之日起_____内,依据《中华人民共和国行政复议法》第十四条的规定,向本机关申请行政复议,或者_____内向_____人民法院提起行政诉讼。

_____(行政强制措施主体名称及印章)

年　月　日

联系人:_____　联系电话:_____

本文书一式____份,____份交付送达,____份归档,_____。

说明:

本格式文书式样示例适用于查封、扣押决定书格式文书式样制作,配合清单使用。依行政强制法确定查封扣押期限的,写明"《中华人民共和国行政强制法》第二十五条第一款"。查封、扣押当事人有时并非行政处罚当事人,也可能其本身亦无违法行为,在设计格式文书式样或者使用格式文书时需注意。其他问题参考有关要件及行政处罚文书中的有关说明。

四、查封、扣押清单格式文书式样示例

____强措决字 [　　] 第　号查封/扣押决定清单

编号	名称	数量	规格型号	位置	备注

以上清单所记录的物品,经点验核对,准确无误。

当事人及有关人员签名或盖章：＿＿＿＿＿＿＿　　年　月　日
见证人签名或盖章：＿＿＿＿＿＿＿＿＿＿　　　年　月　日
执法人员签名或盖章：＿＿＿＿＿、＿＿＿＿　　年　月　日

本文书一式两份，一份交付送达，一份归档，＿＿＿＿＿＿。

说明：

本格式文书式样示例适用于查封、扣押清单格式文书式样制作。查封、扣押清单具有查封、扣押决定书附件性质（但需单独制作），不宜单独编号，在标题中标明相应查封、扣押决定书文号即可准确识别。项目根据本执法单位查封、扣押实际情况修改。其他问题参考有关要件及行政处罚文书中的有关说明。

五、延长查封、扣押决定书格式文书式样示例

延长查封/扣押期限决定书

＿＿＿强措决字［　　］第　号

＿＿＿＿＿＿（当事人姓名名称）：

因＿＿＿＿＿＿／情况复杂，依据《＿＿＿＿＿＿》第＿＿＿＿／《中华人民共和国行政强制法》第二十五条第一款的规定，本机关决定将＿＿＿强措决字［　　］第　号《查封/扣押决定书》确定的查封/扣押期限延长至＿＿＿年＿＿月＿＿日。

你（单位）如不服本延长查封/扣押期限决定，可以自收到本决定书之日起＿＿＿内向＿＿＿＿＿＿申请行政复议，也可以＿＿＿＿内向＿＿＿＿＿＿人民法院提起行政诉讼。/可以自收到本决定书之日起　　　内，依据《＿＿＿＿＿＿》第＿＿＿＿＿＿的规定，先向＿＿＿＿＿＿申请行政复议，对复议决定不服的，再依法向人民法院提起行政诉讼。/可

以自收到本决定书之日起_____内，依据《中华人民共和国行政复议法》第十四条的规定，向本机关申请行政复议，或者_____内向_____人民法院提起行政诉讼。

（先行查封/扣押主体名称及印章）

年 月 日

联系人：_____ 联系电话：_____

本文书一式____份，____份交付送达，____份归档，_____。

说明：

本格式文书式样示例适用于延长查封、扣押期限决定书格式文书式样制作。依据行政强制法延长期限的，写明"情况复杂""《中华人民共和国行政强制法》第二十五条第一款"。其他问题参考有关要件及行政处罚文书中的有关说明。

六、解除查封、扣押决定书格式文书式样示例

解除查封/扣押决定书

____强措决字〔   〕第   号

____（当事人姓名名称）：

依据《中华人民共和国行政强制法》第二十八条第一款第（____）项的规定，本机关决定自____年__月__日起，将____强措决字〔   〕第   号《查封/扣押决定书》确定的查封/扣押物予以全部/部分解除查封/扣押。

本机关已于____年__月__日向你（单位）退还解除查封/扣押物。/退还查封/扣押物拍卖/变卖所得款项。

　　　　　　　　　　（先行查封/扣押主体名称及印章）
　　　　　　　　　　　　　　年　月　日

　　联系人：_____联系电话：_____

本文书一式____份，____份交付送达，____份归档，_____。

说明：

　　本格式文书式样示例适用于解除查封、扣押决定书格式文书式样制作。部分解除的，同时制作部分解除查封、扣押物清单，列明解除的查封、扣押物。退还解除查封、扣押物，所得款项应另有当事人签收手续，前者可在查封、扣押清单上注明，确认，签字或盖章。其他问题参考有关要件及行政处罚文书中的有关说明。

　　各类冻结决定书格式文书式样可以参考前述、上述决定书示例制作，不再赘述。

　　行政强制措施各种通知书格式文书式样，可参考行政处罚、行政检查事项通知书格式文书式样示例制作，不再赘述。

七、履行行政执法决定催告书格式文书式样示例

履行行政执法决定催告书

____强执催字〔　　〕第　号

　　____（当事人姓名名称）：

　　本机关____年__月__日向你（单位）送达/交付《_____决定书》（____决字〔　　〕第　号），要求你（单位）在____年___月____日前履行_____义务，你（单位）未在期限内履行。

　　依据《中华人民共和国行政强制法》第三十五条/第五十四

条的规定，本机关现催告你（单位）按照下列要求履行上述义务：

  1. 在_____年___月___日前履行义务。

  2. 按照以下方式履行义务：_____。

  /3. 缴纳金额为人民币（大写）_____（￥：_____）。

  /到期不缴纳罚款，本机关将依据《中华人民共和国行政处罚法》第七十二条第一款第（一）项的规定，每日按罚款数额的百分之三对你（单位）加处罚款，/到期不缴纳____，本机关将依据《_____》第_____规定，每日按___的___对你（单位）加处罚款/加收滞纳金，/并依法采取其他行政强制执行措施。/本催告书送达十日后，你（单位）仍未履行的，本机关将申请人民法院强制执行。

  你（单位）有权陈述、申辩。

_____（先行行政执法决定主体名称及印章）

年 月 日

  联系人：_____联系电话：_____

本文书一式____份，____份交付送达，____份归档，_____。

  说明：

  本格式文书式样示例适用于执法组织强制执行前催告书、执法组织申请人民法院强制执行前催告书格式文书式样制作。送达时，对当事人陈述、申辩制作现场笔录，依第三十六条规定落实要件。

  代履行前催告书格式文书式样可以参考本示例制作，替换有关要件表述，不赘述。其他问题参考有关要件及行政处罚文书中的有关说明。

八、加处罚款、加收滞纳金决定书格式文书式样示例

加处罚款/加收滞纳金决定书

_____强执决字［   ］第   号

当事人姓名名称：_____
法定代表人负责人姓名：_____
身份证号码及统一社会信用代码：_____
住址住所：_____ _____ 联系方式：_____
本机关____年___月___日向你（单位）送达/交付《___
_____决定书》（_____决字［   ］第   号），要求你（单位）在_____年___月___日前履行缴纳人民币（大写）_____（￥：_____）的义务，你（单位）未在期限内履行。_____年___月___日，本机关向你（单位）送达《_____催告书》（____强执催字［   ］第   号），限你（单位）在_____年___月___日前履行上述义务，你（单位）仍不履行。

依据《中华人民共和国行政处罚法》第七十二条第一款第（一）项的规定，/《_____》第_____的规定，本机关决定自_____年___月___日起，对你（单位）每日按罚款数额的百分之三加处罚款/按_____的加收滞纳金。

你（单位）如不服本加处罚款/加收滞纳金决定，可以自收到本决定书之日起____内向_____申请行政复议，

也可以＿＿＿内向＿＿＿＿＿人民法院提起行政诉讼。/可以自收到本决定书之日起＿＿＿内，依据《＿＿＿＿＿＿》第＿＿＿的规定，先向＿＿＿＿＿＿申请行政复议，对复议决定不服的，再依法向人民法院提起行政诉讼。/可以自收到本决定书之日起＿＿＿内，依据《中华人民共和国行政复议法》第十四条的规定，向本机关申请行政复议，或者＿＿＿内向＿＿＿＿＿人民法院提起行政诉讼。

自加处罚款/加收滞纳金之日起，超过三十日不缴纳罚款/＿＿＿及加处的罚款/加收的滞纳金，本机关将依法采取其他行政强制执行措施/依法申请人民法院强制执行。

＿＿＿＿（先行行政执法决定主体名称及印章）

年　月　日

联系人：＿＿＿＿＿＿＿＿＿＿　联系电话：＿＿＿＿＿＿＿

本文书一式＿＿份，＿＿份交付送达，＿＿份归档，＿＿＿＿。

说明：

本格式文书式样示例适用于执法组织加处罚款、加收滞纳金（行政强制法意义上的强制执行。本书所有格式文书式样都是行政处罚法、行政强制法、行政许可法意义上的格式文书式样）决定书格式文书式样制作。其他问题参考有关要件及行政处罚文书中的有关说明。

九、拍卖查封、扣押财物抵缴罚款决定书格式文书式样示例

拍卖查封/扣押财物抵缴罚款决定书

_____强执决字[ ]第 号

当事人姓名名称：_____

法定代表人负责人姓名：_____

身份证号码及统一社会信用代码：_____

住址住所：_____联系方式：_____

本机关____年___月___日向你（单位）送达/交付《/当场行政处罚决定书》(____罚/简普决字[ ]第 号)，要求你（单位）在____年___月___日前履行缴纳人民币（大写）_____(¥:_____)罚款的义务，你（单位）未在期限内履行。____年___月___日，本机关向你（单位）送达《_____催告书》(____强执催字[ ]第 号)，限你（单位）在____年___月___日前履行上述义务，你（单位）未履行。____年___月___日，本机关向你（单位）送达《加处罚款决定书》(____强执决字[ ]第 号)，自____年___月___日起，对你（单位）加处罚款，已超过三十日，你（单位）仍不履行上述义务，也未在法定期限内申请行政复议、提起行政诉讼。

依据《中华人民共和国行政强制法》第四十六条第三款的规定，本机关决定将____强措决字[ ]第 号《查封/扣押决定书》确定的、你（单位）的被查封/扣押物，在____年

____月____日依法拍卖抵缴罚款和加处的罚款。

　　你（单位）如不服本拍卖查封/扣押财物抵缴罚款决定，可以自收到本决定书之日起____内向_____申请行政复议，也可以_____内向_____人民法院提起行政诉讼。/可以自收到本决定书之日起　　内，依据《_____》第　　　　　的规定，先向_____申请行政复议，对复议决定不服的，再依法向人民法院提起行政诉讼。/可以自收到本决定书之日起　　　　内，依据《中华人民共和国行政复议法》第十四条的规定，向本机关申请行政复议，或者　　　　内向　　　　　人民法院提起行政诉讼。

（先行行政执法决定主体名称及印章）

年　月　日

　　联系人：_____　　联系电话：_____

本文书一式____份，____份交付送达，____份归档，_____。

　　说明：

　　本格式文书式样示例适用于拍卖查封、扣押财物抵缴罚款决定书格式文书式样制作。划拨存款、汇款决定书格式文书式样可参考本示例制作，去除不必要的要件表述，不赘述。其他问题参考有关要件及行政处罚文书中的有关说明。

十、代履行决定书格式文书式样示例

代履行决定书

____强执决字〔   〕第   号

当事人姓名名称：_____

法定代表人负责人姓名：_____

身份证号码及统一社会信用代码：_____

住址住所：_____ 联系方式：_____

本机关____年___月___日向你（单位）送达/交付《_____决定书》（_____决字〔   〕第   号），要求你（单位）在____年___月___日前履行_____义务，你（单位）未在期限内履行。____年___月___日，本机关向你（单位）送达《_____催告书》（_____强执催字〔   〕第   号），限你（单位）在____年___月___日前履行上述义务，你（单位）仍不履行，不履行的后果已经/将危害交通安全/造成环境污染/破坏自然资源。

依据《中华人民共和国行政强制法》第五十条的规定，本机关决定代履行：/委托代履行：

履行方式为_____。

履行时间为_____。

履行标的为_____。

费用预算为人民币（大写）_____（¥：_____），由_____承担。

代履行人为_____。

你（单位）如不服本代履行决定，可以自收到本决定书之日起＿＿内向＿＿＿＿＿申请行政复议，也可以＿＿＿＿内向＿＿＿＿＿人民法院提起行政诉讼。/可以自收到本决定书之日起＿＿＿内，依据《＿＿＿＿＿＿》第＿＿＿＿的规定，先向＿＿＿＿＿＿＿申请行政复议，对复议决定不服的，再依法向人民法院提起行政诉讼。/可以自收到本决定书之日起＿＿＿＿内，依据《中华人民共和国行政复议法》第十四条的规定，向本机关申请行政复议，或者＿＿＿内向＿＿＿＿＿人民法院提起行政诉讼。

＿＿＿＿（先行行政执法决定主体名称及印章）

年　月　日

联系人：＿＿＿＿＿＿＿　联系电话：＿＿＿＿＿＿＿＿＿

本文书一式＿＿份，＿＿份交付送达，＿＿份归档，＿＿＿＿＿。

说明：

本格式文书式样示例适用于代履行决定书格式文书制作。其他问题参考有关要件及行政处罚文书中的有关说明。

十一、强制执行申请书格式文书式样示例

关于申请强制执行的函

＿＿强执申字［　　］第　号

＿＿人民法院：

本机关＿＿年＿＿月＿＿日向当事人＿＿＿＿＿作出＿＿＿决字［　　］第　号＿＿＿＿＿决定，当事人在法定期限内未申请

行政复议、未提起行政诉讼，又不履行。＿＿＿＿年＿＿月＿＿日，本机关向当事人送达《＿＿＿＿＿＿催告书》（＿＿强执催字〔　　〕第　　号），催告其履行上述决定，至今已超过十日，当事人仍未履行决定义务。依据《中华人民共和国行政强制法》第五十三条、第五十四条、第五十五条的规定，本机关现向你院申请强制执行上述决定。

附件：

1.《＿＿＿＿＿＿决定书》（＿＿决字〔　　〕第　　号），内含作出决定的事实、理由和依据，送达回证/交付情况。

2. 当事人的意见。

3.《＿＿＿＿＿＿催告书》（＿＿强执催字〔　　〕第　　号）及送达回证。

4. 申请强制执行标的情况。

……

负责人签名：
＿＿＿＿（先行行政执法决定主体名称及印章）
年　月　日

联系人：＿＿＿＿＿＿＿＿＿＿　联系电话：＿＿＿＿＿＿＿

说明：

本格式文书式样示例适用于强制执行申请书格式文书制作。强制执行申请书并非诉讼文书，其首先是公函，是党政机关之间的公文，其次是执法文书，宜依照中办、国办印发的《党政机关公文处理工作条例》，结合行政强制法规定的要件制作。其他问题参考有关要件及行政处罚文书中的有关说明。

第七节　行政许可要件、流程、文书

本节用三个专题，分别讨论许可要件、流程、文书。

第一题　行政许可要件

本题分析现行行政许可法设定的执法要件。行政许可法不仅设定了行政许可要件，还设定了行政检查要件、行政命令要件、行政处罚要件。其他有关问题参见行政处罚要件一题。

一、准予行政许可要件（应当）

（一）构成要件

1. 组织要件

（1）执法组织具有对特定活动的许可职权。

事项管辖。依执法组织的"三定"规定等和法律、法规、国务院决定、省级政府规章规定，执法组织具有对特定活动的许可职权，即该许可事项在本组织的执法事项（权责事项）清单内。（第四条①、第二十二条、第二十三条、第二十四条、第二十五条等。法律、法规、国务院决定、省级政府规章依法设定行政许可事项，该事项由行政机关管辖的，依法律、法规、

---

① 本题所称条款，除特别标注外，均为现行行政许可法条款。

国务院决定、省级政府规章，该事项由非行政机关的执法组织管辖的，依法律、法规的规定）

时效管辖。依照行政许可法以外的法律、法规、国务院决定、省级政府规章等执法依据规定确定，没有规定的，决定准予行政许可的申请人所具备的条件、符合的标准的事实根据，既可以存在于执法组织成立后，也可以存在于执法组织成立前。

地域管辖。依照行政许可法以外的法律、法规、国务院决定、省级政府规章等执法依据规定确定，没有规定的，决定准予行政许可的事实根据应在执法组织管辖区域内。

对人管辖。依照行政许可法以外的法律、行政法规、国务院决定确定，没有规定的，不对外国人、无国籍人准予行政许可。

级别管辖。依照行政许可法以外的法律、法规、国务院决定、省级政府规章等执法依据规定确定，没有规定的，具有行政许可事项管辖权的执法组织均可管辖。

指定管辖（可选要件）。依照行政许可法以外的法律、法规、国务院决定、省级政府规章等执法依据规定确定，没有规定的，发生管辖争议由共同的上一级行政机关指定管辖。

依照第二十三条规定，法律、法规授权的具有管理公共事务职能的组织，在法定授权范围内，以自己的名义实施行政许可。被授权的组织适用本法有关行政机关的规定，这说明，行政许可组织包括具有许可职权的行政机关，以及法律、法规授予许可职权的、具有管理公共事务职能的组织。

依照第二十六条规定，行政许可需要行政机关内设的多个机构办理的，该行政机关应当确定一个机构统一受理行政许可申请,统一送达行政许可决定。行政许可依法由地方人民政府两个以上部门分别实施的,本级人民政府可以确定一个部门受理行政许可申请并转告有关部门分别提出意见后统一办理,或者组织有关部门联合办理、集中办理。

(2)执法人员符合规定。

具有执法资格。依照《国务院办公厅关于全面推行行政执法公示制度执法全过程记录制度重大执法决定法制审核制度的指导意见》,从事许可的人员应当具有执法资格。(意见规定,"三项制度"在各级行政执法机关全面推行,行政处罚、行政强制、行政检查、行政征收征用、行政许可等行为得到有效规范;(十三)明确审核内容。要严格审核行政执法主体是否合法,行政执法人员是否具备执法资格)

符合法定人数。根据法定条件和程序,需要对申请材料的实质内容进行核实的,行政机关应当指派两名以上工作人员进行核查;行政机关实施检验、检测、检疫,应当自受理申请之日起五日内指派两名以上工作人员按照技术标准、技术规范进行检验、检测、检疫。(第三十四条、第五十五条等)

2. 依据要件

具有合法的法律、法规、国务院决定、省级政府规章依据。(第十二条、第十三条、第十四条、第十五条、第十六条、第十七条等)

具有公开的法律、法规、国务院决定、省级政府规章依据。(第五条等)

具有有效的法律、法规、国务院决定、省级政府规章依据。

(依照行政许可法以外的法律、法规、国务院决定、省级政府规章等执法依据规定确定，或者依法理决定准予行政许可的依据在其有效期间内）

3. 根据要件

具有清楚的事实根据。（依行政复议法第二十八条，事实根据的最低要求是清楚。对事实根据证明标准的要求，依行政许可法以外的法律、法规、国务院决定、省级政府规章等执法依据规定确定，或者依法理。在分析行政许可事实根据证明标准时，应当注意第七十四条第一项、第二项的规定）

根据要件，对应相对人角度准予行政许可要件，见下述。

4. 证据要件

具有合法的证据。（行政诉讼法第三十四条、第四十三条等）

具有真实的证据。（行政复议法第二十三条、第二十八条等）

具有充足的证据。（行政复议法第二十三条、第二十八条等）

5. 理由等程序要件

（1）具有许可理由。（组织、依据、证据、根据、决定之间的逻辑关系）

（2）回避。（可选要件）

全案回避。执法人员与行政许可案件有直接利害关系或者有其他关系可能影响公正执法的，予以回避。（依行政许可法以外的法律、法规、国务院决定、省级政府规章等执法依据规定确定，没有规定的，存在回避情形的，宜回避）

听证回避。申请人、利害关系人认为行政许可听证主持人与该行政许可事项有直接利害关系的，有权申请回避，属回避

情形的，予以回避。(第四十八条等)

(3) 公示和公布。行政机关应当将法律、法规、规章规定的有关行政许可的事项、依据、条件、数量、程序、期限以及需要提交的全部材料的目录和申请书示范文本等在办公场所公示。(第三十条等)

行政机关应当建立和完善有关制度，推行电子政务，在行政机关的网站上公布行政许可事项，方便申请人采取数据电文等方式提出行政许可申请。(第三十三条等)

(4) 说明与解释（可选要件）。申请人要求行政机关对公示内容予以说明、解释的，行政机关应当说明、解释，提供准确、可靠的信息。(第三十条等)

(5) 提供（可选要件）。申请书需要采用格式文本的，行政机关应当向申请人提供行政许可申请书格式文本。申请书格式文本中不得包含与申请行政许可事项没有直接关系的内容。(第二十九条等)

(6) 受理。申请事项属于本行政机关职权范围，申请材料齐全、符合法定形式，或者申请人按照本行政机关的要求提交全部补正申请材料的，应当受理行政许可申请。行政机关受理或者不予受理行政许可申请，应当出具加盖本行政机关专用印章和注明日期的书面凭证。(第三十二条等，属本行政机关职权范围，申请材料齐全，符合法定形式，为受理三要件)

对申请行为的处理期限和受理期限，依照行政许可法以外的法律、法规、国务院决定、省级政府规章等执法依据的规定确定，没有规定的，在办公期间申请的，当场处理，符合规定的，当场受理，或者及时受理，依法不受理或者不予受理，均应当"即时"。在非办公期间以电子数据交换和电子邮件等方式申请的，上班后依次处理，及时受理。

（7）审查。行政机关应当对申请人提交的申请材料进行审查。（第三十四条、第三十五条，第四节听证，第六节特别规定等。核查、核实、听证、招标拍卖、国家考试、考核、检验、检测、检疫等方式中，都存在审查要件，或者理解为上述都是最终确定审查意见的一种审查方式。所谓审查，就是以得出申请人所具备的条件与法定条件是否符合为目的的核实、判断过程）

（8）告知（可选要件）。

补正告知。申请材料不齐全或者不符合法定形式的，应当当场或者在五日内一次告知申请人需要补正的全部内容，逾期不告知的，自收到申请材料之日起即为受理。（第三十二条等）

陈述申辩告知与听取。行政机关对行政许可申请进行审查时，发现行政许可事项直接关系他人重大利益的，应当告知该利害关系人。申请人、利害关系人有权进行陈述和申辩。行政机关应当听取申请人、利害关系人的意见。（第三十六条等）

听证告知。行政许可直接涉及申请人与他人之间重大利益关系的，行政机关在作出行政许可决定前，应当告知申请人、利害关系人享有要求听证的权利。（第四十七条等）

初审和决定期限时间排除告知。行政机关作出行政许可决定，依法需要听证、招标、拍卖、检验、检测、检疫、鉴定和专家评审的，所需时间不计算在本节规定的期限内。行政机关应当将所需时间书面告知申请人。（第四十五条等）

延长决定期限告知。二十日内不能作出决定的，经本行政机关负责人批准，可以延长十日，并应当将延长期限的理由告知申请人。但是，法律、法规另有规定的，依照其规定。依照行政许可法第二十六条的规定，行政许可采取统一办理或者联合办理、集中办理的，办理的时间不得超过四十五日；四十五日内不能办结的，经本级人民政府负责人批准，可以延长十五日，并应当将延长期限的理由告知申请人。（第四十二条等）

不受理告知。申请事项依法不需要取得行政许可的，应当即时告知申请人不受理。（第三十二条等，不属准予行政许可要件）

许可机关告知。申请事项依法不属于本行政机关职权范围的，应当即时作出不予受理的决定，并告知申请人向有关行政机关申请。（第三十二条等，不属准予行政许可要件）

救济告知。行政机关依法作出不予行政许可的书面决定的，应当说明理由，并告知申请人享有依法申请行政复议或者提起行政诉讼的权利。（第三十八条等，不属准予行政许可要件）

（9）听证（可选要件）。

依职权听证。法律、法规、规章规定实施行政许可应当听证的事项，或者行政机关认为需要听证的其他涉及公共利益的重大行政许可事项，行政机关应当向社会公告，并举行听证。（第四十六条等）

依申请听证。具有重大利益关系的申请人、利害关系人在被告知听证权利之日起五日内提出听证申请的，行政机关应当在二十日内组织听证。（第四十七条等）

（10）送达。行政机关作出准予行政许可的决定，应当自作出决定之日起十日内依法向申请人颁发、送达行政许可证件，或者加贴标签、加盖检验、检测、检疫印章。（第四十四条等）

（11）期间。

补正告知期限。申请材料不齐全或者不符合法定形式的，应当当场或者在五日内一次告知申请人需要补正的全部内容。（第三十二条等）

听证期限。申请人、利害关系人在被告知听证权利之日起五日内提出听证申请的，行政机关应当在二十日内组织听证。行政机关应当于举行听证的七日前将举行听证的时间、地点通知申请人、利害关系人，必要时予以公告。（第四十七条、第四十八条等）

检验检测检疫期限。行政机关实施检验、检测、检疫，应当自受理申请之日起五日内指派两名以上工作人员按照技术标准、技术规范进行检验、检测、检疫。（第五十五条等）

初审期限。依法应当先经下级行政机关审查后报上级行政机关决定的行政许可，下级行政机关应当自其受理行政许可申请之日起二十日内审查完毕。但是，法律、法规另有规定的，依照其规定。（第四十三条等）

决定期限。除可以当场作出行政许可决定的外，行政机关应当自受理行政许可申请之日起二十日内作出行政许可决定。二十日内不能作出决定的，经本行政机关负责人批准，可以延长十日，并应当将延长期限的理由告知申请人。但是，法律、法规另有规定的，依照其规定。依照行政许可法第二十六条的规定，行政许可采取统一办理或者联合办理、集中办理的，办理的时间不得超过四十五日；四十五日内不能办结的，经本级人民政府负责人批准，可以延长十五日，并应当将延长期限的理由告知申请人。（第四十二条等）

许可证件标识送达标示期限。行政机关作出准予行政许可的决定，应当自作出决定之日起十日内依法向申请人颁发、送达行政许可证件，或者加贴标签、加盖检验、检测、检疫印章。（第四十四条等）

延续许可申请决定期限。被许可人需要延续依法取得的行政许可的有效期的，应当在该行政许可有效期届满三十日前向作出行政许可决定的行政机关提出申请。但是，法律、法规、规章另有规定的，依照其规定。行政机关应当根据被许可人的申请，在该行政许可有效期届满前作出是否准予延续的决定；逾期未作决定的，视为准予延续。（第五十条等）

依照第四十五条规定，行政机关作出行政许可决定，依法需要听证、招标、拍卖、检验、检测、检疫、鉴定和专家评审的，所需时间不计算在本节规定的期限内（决定期限、初审期限）。行政机关应当将所需时间书面告知申请人。

依照第八十二条规定，本法规定的行政机关实施行政许可的期限以工作日计算，不含法定节假日。

依照第五十二条规定，国务院实施行政许可的程序（含期限等本要件细分的各要件），适用有关法律、行政法规的规定。

依文义解释，依第四十二条、第四十三条规定，二十日、四十五日的决定期限，在具有初审环节的许可中同样适用，经初审的许可应当自下级许可初审行政机关受理申请之日起,在上述期限内作出决定。这是因为,比较第四十二条第一款与第四十三条的表述,第四十二条"行政机关应当自受理行政许可申请之日起二十日内作出行政许可决定"的表述中,"自"与"受理"之间并无"其"字,依文义,不限于该行政机关"自其受理行政许可申请之日起",还应当包括下级许可初审行政机关"自其受理行政许可申请之日起"。联系第四十三条"下级行政机关应当自其受理行政许可申请之日起二十日内审查完毕"的表述,其中有"其"字,这是一种限定。如果第四十二条的文义,许可决定期限仅限于特定行政机关自己受理、自己决定,则应表述为"行政机关应当自其受理行政许可申请之日起二十日内作出行政许可决定"。有初审的行政许可,受理权与决定权分离,相应执法组织依照法律、法规、规章的规定各负其责,依法实施行政许可,但是,专属许可决定执法组织的职权,下级许可初审执法组织不得行使。

依当然解释,依第四十四条规定,需颁发许可证件、标示许可标识,又需制发准予行政许可决定书的,应自作出决定之日起十日内送达决定书。其他许可执法文书送达期限依行政许可法以外的法律、法规、规章等执法依据的规定,没有规定的,遵循"提高办事效率",及时送达。

6. 决定要件

(1) 决定性质:行政许可,是指行政机关根据公民、法人或者其他组织的申请,经依法审查,准予其从事特定活动的行为。(第二条等)

(2) 书面决定。

许可决定书（可选要件）。申请人的申请符合法定条件、标准的，行政机关应当依法作出准予行政许可的书面决定。(第三十四条、第三十八条等)

许可证件、标识（可选要件）。行政机关作出准予行政许可的决定，需要颁发行政许可证件的，应当向申请人颁发加盖本行政机关印章的下列行政许可证件：①许可证、执照或者其他许可证书；②资格证、资质证或者其他合格证书；③行政机关的批准文件或者证明文件；④法律、法规规定的其他行政许可证件。行政机关实施检验、检测、检疫的，可以在检验、检测、检疫合格的设备、设施、产品、物品上加贴标签或者加盖检验、检测、检疫印章。(第三十九条等)

书面决定，既可以是决定书形式，也可以是许可证件标识形式，或者两者兼而有之，两者至少有其一，具体依行政许可法以外的法律、法规、国务院决定、省级政府规章等执法依据。

(3) 决定根据。

根据审查结果决定。行政机关对行政许可申请进行审查后，除当场作出行政许可决定的外，应当在法定期限内按照规定程序作出行政许可决定。(第三十四条、第三十七条等)

根据听证笔录决定（可选要件）。实行行政许可听证的，行政机关应当根据听证笔录，作出行政许可决定。(第四十八条等)

根据招标、拍卖等公平竞争结果决定（可选要件）。实施有限自然资源开发利用、公共资源配置以及直接关系公共利益的特定行业的市场准入等，需要赋予特定权利的事项的行政许可，应当通过招标、拍卖等公平竞争的方式作出决定。但是，法律、行政法规另有规定的，依照其规定。行政机关按照招标、拍卖程序确定中标人、买受人后，应当作出准予行政许可的决定，并依法向中标人、买受人颁发行政许可证件。（第五十三条等）

根据考试、考核结果决定（可选要件）。实施提供公众服务并且直接关系公共利益的职业、行业，需要确定具备特殊信誉、特殊条件或者特殊技能等资格、资质的事项的行政许可，赋予公民特定资格，依法应当举行国家考试的，行政机关根据考试成绩和其他法定条件作出行政许可决定；赋予法人或者其他组织特定的资格、资质的，行政机关根据申请人的专业人员构成、技术条件、经营业绩和管理水平等的考核结果作出行政许可决定。但是，法律、行政法规另有规定的，依照其规定。（第五十四条等）

根据检验检测检疫结果决定（可选要件）。实施直接关系公共安全、人身健康、生命财产安全的重要设备、设施、产品、物品，需要按照技术标准、技术规范，通过检验、检测、检疫等方式进行审定的事项的行政许可，应当按照技术标准、技术规范依法进行检验、检测、检疫，行政机关根据检验、检测、检疫的结果作出行政许可决定。（第五十五条等）

根据核查结果决定（可选要件）。实施企业或者其他组织的设立等，需要确定主体资格的事项的行政许可，需要对申请材料的实质内容进行核实的，行政机关应当指派两名以上工作人员进行核查，根据核查结果决定。（第三十四条、第五十六条等）

根据受理顺序决定（可选要件）。有数量限制的行政许可，两个或者两个以上申请人的申请均符合法定条件、标准的，行政机关应当根据受理行政许可申请的先后顺序作出准予行政许可的决定。但是，法律、行政法规另有规定的，依照其规定。（第五十七条等）

(4) 当场决定与期限内决定。

当场决定（可选要件）。申请人提交的申请材料齐全、符合法定形式，行政机关能够当场作出决定的，应当当场作出书面的行政许可决定。实施直接关系公共安全、人身健康、生命财产安全的重要设备、设施、产品、物品，需要按照技术标准、技术规范，通过检验、检测、检疫等方式进行审定的事项的行政许可，不需要对检验、检测、检疫结果作进一步技术分析即可认定设备、设施、产品、物品是否符合技术标准、技术规范的，行政机关应当当场作出行政许可决定；实施企业或者其他组织的设立等，需要确定主体资格的事项的行政许可，申请人提交的申请材料齐全、符合法定形式，不需要对申请材料的实质内容进行核实的，行政机关应当当场予以登记。（第三十四条、第五十五条、第五十六条等）

"能够""不需要"是指，法律、法规、国务院决定、省级政府规章等执法依据未规定应当进一步审查或者实质审查，且执法组织仅凭形式审查，即可判断出许可事实根据是否符合许可法律依据。

期限内决定（可选要件）。行政机关对行政许可申请进行审查后，除当场作出行政许可决定的外，应当在法定期限内按照规定程序作出行政许可决定。（第三十七条等）

(5) 决定的地域效力。法律、行政法规设定的行政许可，

其适用范围没有地域限制的,申请人取得的行政许可在全国范围内有效。(第四十一条等)

(6)决定内容为:直接涉及国家安全、公共安全、经济宏观调控、生态环境保护以及直接关系人身健康、生命财产安全等特定活动,需要按照法定条件予以批准的事项;有限自然资源开发利用、公共资源配置以及直接关系公共利益的特定行业的市场准入等,需要赋予特定权利的事项;提供公众服务并且直接关系公共利益的职业、行业,需要确定具备特殊信誉、特殊条件或者特殊技能等资格、资质的事项;直接关系公共安全、人身健康、生命财产安全的重要设备、设施、产品、物品,需要按照技术标准、技术规范,通过检验、检测、检疫等方式进行审定的事项;企业或者其他组织的设立等,需要确定主体资格的事项;法律、行政法规规定可以设定行政许可的其他事项。(第十二条等)

(7)许可决定书,许可证件、标识要素依法确定。(第三十四条、第三十八条、第三十九条等)

(二)法律特别规定的阻却要件

1. 符合法定条件、标准的,申请人有依法取得行政许可的平等权利,行政机关不得歧视任何人。(第五条等)

2. 受委托行政机关在委托范围内,以委托行政机关名义实施行政许可;不得再委托其他组织或者个人实施行政许可。(第二十四条等)

(三)法律特别规定的非许可要件类的与许可要件有关的执法要件

1. 行政机关作出的准予行政许可决定,应当予以公开,公

众有权查阅。(第四十条等)

2. 行政机关实施行政许可和对行政许可事项进行监督检查，不得收取任何费用。但是，法律、行政法规另有规定的，依照其规定。依照法律、行政法规收取费用的，应当按照公布的法定项目和标准收费。行政机关提供行政许可申请书格式文本，不得收费。(第五十八条、第五十九条等)

依照第五条规定，未经申请人同意，行政机关及其工作人员、参与专家评审等的人员不得披露申请人提交的商业秘密、未披露信息或者保密商务信息，法律另有规定或者涉及国家安全、重大社会公共利益的除外。

依照第二十七条规定，行政机关实施行政许可，不得向申请人提出购买指定商品、接受有偿服务等不正当要求。行政机关工作人员办理行政许可，不得索取或者收受申请人的财物，不得谋取其他利益。

依照第三十一条规定，行政机关不得要求申请人提交与其申请的行政许可事项无关的技术资料和其他材料。行政机关及其工作人员不得以转让技术作为取得行政许可的条件；不得在实施行政许可的过程中，直接或者间接地要求转让技术。

二、相对人角度准予行政许可要件

(一) 构成要件

1. 行为（申请）时间要件

（1）依据时效。实行（申请）行为发生在许可依据有效期内，且涉及新法旧法衔接适用时，新法认为该实行（申请）行

为的内容是应予许可的事项。（立法法第九十二条等）

（2）期间。

要求听证期限。申请人要求听证的，应当在被行政机关告知听证权利之日起五日内提出听证申请。（第四十七条等）

申请延续许可有效期期限。被许可人需要延续依法取得的行政许可的有效期的，应当在该行政许可有效期届满三十日前向作出行政许可决定的行政机关提出申请。但是，法律、法规、规章另有规定的，依照其规定。（第五十条等）

2. 行为（申请）地点要件

实行（申请）行为发生地依行政许可法以外的法律、法规、国务院决定、省级政府规章等执法依据规定确定，没有规定的，行为（申请）主体应在执法组织指定的地点（含电子申请系统标识地址、邮寄地址等）申请。指定地点的确定，遵循便民原则。（第六条等）

3. 行为（申请）意识要件

实行（申请）行为发生时的意识状态依行政许可法以外的法律、法规、国务院决定、省级政府规章等执法依据规定确定，没有规定的，申请时的意识状态应为"明知"。

4. 行为（申请）主体（申请人）要件

实行行为人属许可法律、法规、国务院决定、省级政府规章依据所规定的个人或者单位。

5. 实行（申请）行为要件

（1）实际实行。行为（申请）主体实际实行了申请许可的行为。[第二十九条等，委托实行只是视为行为（申请）主体实

行，实质还是行为（申请）主体实际实行，委托实行见下]

（2）诚实实行。行为（申请）主体申请行政许可，如实向行政机关提交有关材料和反映真实情况，并对其申请材料实质内容的真实性负责。（第三十一条、第七十八条等。诚实实行，不免除执法组织的审查义务和审查责任）

（3）准确实行。行为（申请）主体按照法定内容、法定形式等要求准确提交申请材料。（第三十二条等）

（4）完全实行。行为（申请）主体按照法定要求、补正要求，齐全的提交申请材料。（第三十二条等）

（5）委托实行（可选要件）。行为（申请）主体可以委托代理人提出行政许可申请。但是，依法应当由行为（申请）主体到行政机关办公场所提出行政许可申请的除外。（第二十九条等）

（6）非当面实行（可选要件）。行政许可申请可以通过信函、电报、电传、传真、电子数据交换和电子邮件等方式提出。（第二十九条等）

（7）事项管辖。申请事项属本执法组织管辖。（见准予行政许可要件之组织要件）

（8）事项条件。申请事项具备的条件、标准，符合法定条件、标准，以及其他规定。（第三十八条、第五十七条等）

6. 行为（申请）对象要件

向本执法组织作出实行（申请）行为。

7. 行为（申请）结果要件

被准予行政许可。（第三十八条等）

8. 因果关系要件

实行（申请）行为是行为（申请）结果的原因。

等。

（二）法律特别规定的阻却要件

1. 行政许可申请人隐瞒有关情况或者提供虚假材料申请行政许可的，行政机关不予受理或者不予行政许可。[第七十八条等，本要件可以从实行（申请）行为（2）要件中推出，严格说属与构成要件相反的阻却要件，不属法律特别规定的阻却要件，但因行政许可法已明文规定，故在此单独列出]

2. 被许可人以欺骗、贿赂等不正当手段申请行政许可的，行政机关不予受理或者不予行政许可。（第七十九条等，依当然解释，在许可审查期间发现第七十九条规定的情形，应为阻却要件）

3. 无权期间。

行政许可申请人隐瞒有关情况或者提供虚假材料，申请直接关系公共安全、人身健康、生命财产安全事项行政许可，被行政机关给予警告后，申请人在一年内不得再次申请该行政许可。（第七十八条等）

被许可人以欺骗、贿赂等不正当手段取得直接关系公共安全、人身健康、生命财产安全事项行政许可，行政机关依法给予行政处罚后，申请人在三年内不得再次申请该行政许可。（第七十九条等）

依照第九条规定，依法取得的行政许可，除法律、法规规定依照法定条件和程序可以转让的外，不得转让。

依照第四十一条规定，法律、行政法规设定的行政许可，其适用范围没有地域限制的，申请人取得的行政许可在全国范围内有效。

依照第六十六条规定，被许可人应当依法履行开发利用自然资源义务，依法履行利用公共资源义务。

依照第六十七条规定，取得直接关系公共利益的特定行业的市场准入行政许可的被许可人，应当按照国家规定的服务标准、资费标准和行政机关依法规定的条件，向用户提供安全、方便、稳定和价格合理的服务，并履行普遍服务的义务；未经作出行政许可决定的行政机关批准，不得擅自停业、歇业。

依照第六十八条规定，取得直接关系公共安全、人身健康、生命财产安全的重要设备、设施许可的设计、建造、安装和使用单位，应当按照行政机关的要求，建立相应的自检制度。

以上准予行政许可要件、相对人角度准予行政许可要件两类要件，是完整的作出准予许可决定的要件，也是作出与行政许可有关的其他决定的基础性要件。为避免过多重复，下列其他与许可有关的决定的要件，与基础性要件重复的，不再全部列出，可从上述这些基础性要件中抽取。

三、依职权予以行政许可听证构成要件（应当）

1. 已受理许可申请。（第三十二条等）

2. 法定或裁量听证。法律、法规、规章规定该许可应当听证，或者行政机关认为该许可属涉及公共利益的重大许可（在重大许可事项目录中），需要听证。（第四十六条等）

3. 通知公告听证。于举行听证的七日前将举行听证的时间、

地点通知申请人、利害关系人，并予以公告。（第四十八条等）

4. 公开听证。（第四十八条等）

5. 听证参加人。

主持人。行政机关应当指定审查该许可申请的工作人员以外的人员为听证主持人。（第四十八条等）

审查人员。（第四十八条等）

申请人。（第四十八条等）

利害关系人。（第四十八条等）

6. 听证程序。

回避（可选要件）。申请人、利害关系人认为主持人与该许可事项有直接利害关系的，有权申请回避。（第四十八条等）

提供。举行听证时，审查该行政许可申请的工作人员应当提供审查意见，以及其证据、理由。（第四十八条等）

提出（可选要件）。申请人、利害关系人可以提出证据。（第四十八条等）

申辩和质证。申请人、利害关系人进行申辩和质证。（第四十八条等）

其他具体的程序见下述行政许可听证流程示例，行政许可案件听证笔录格式文书式样示例。

7. 听证笔录。听证应当制作笔录，听证笔录应当交听证参加人确认无误后签字或者盖章。

行政许可法直接授权本决定，法定听证的，须结合行政许可法以外的法律、法规、规章规定的要件决定。

四、依申请予以行政许可听证构成要件（应当）

1. 已受理许可申请。（第三十二条等）

2. 告知听证。行政许可直接涉及申请人与他人之间重大利益关系的，行政机关在作出行政许可决定前，告知申请人、利害关系人享有要求听证的权利。（第四十七条等）

3. 要求听证。申请人或者利害关系人在被告知听证权利之日起五日内提出听证申请的，行政机关在二十日内组织听证。（第四十七条等）

4. 通知公告（可选要件）听证。行政机关应当于举行听证的七日前将举行听证的时间、地点通知申请人、利害关系人，必要时予以公告（可选要件）。（第四十八条等）

5. 公开听证。（第四十八条等）

6. 听证参加人。

主持人。行政机关应当指定审查该许可申请的工作人员以外的人员为听证主持人。（第四十八条等）

审查人员。（第四十八条等）

申请人。（第四十八条等）

利害关系人。（第四十八条等）

7. 听证程序。

回避（可选要件）。申请人、利害关系人认为主持人与该许可事项有直接利害关系的，有权申请回避。（第四十八条等）

提供。举行听证时，审查该行政许可申请的工作人员应当提供审查意见，以及其证据、理由。（第四十八条等）

提出（可选要件）。申请人、利害关系人可以提出证据。（第四十八条等）

申辩和质证。申请人、利害关系人进行申辩和质证。（第四十八条等）

其他具体的程序见下述行政许可听证流程示例，行政许可案件听证笔录格式文书式样示例。

8. 听证笔录。听证应当制作笔录，听证笔录应当交听证参加人确认无误后签字或者盖章。（第四十八条等）

依照第四十七条规定，申请人、利害关系人不承担行政机关组织听证的费用。

鉴于行政许可听证依法无例外的公开举行，公告听证要件作为可选要件，就有了必选要件的意义。

行政许可法直接授权本决定。

依职权、依申请的行政许可听证审查意见，既可以是准予行政许可的意见，也可以是不予行政许可的意见。开放式利害关系人的选择，应当公开、公平、公正、合理。注意与行政处罚听证的区别。

五、准予变更行政许可构成要件（应当）

1. 存在合法有效的先行准予行政许可决定。（第四十九条等）

2. 被许可人在先行决定的有效期内提出申请。（第四十九条等）

3. 向作出先行决定的行政机关提出。（第四十九条等）

4. 符合法定条件、标准。（第四十九条等）

5. 在先行决定有效期届满前作出决定。(第四十九条等)

行政许可法直接授权本决定，但须结合行政许可法以外的法律、法规、规章规定的要件决定。

六、依职权变更或者撤回行政许可构成要件（可以）

1. 存在合法有效的先行准予行政许可决定。(第八条等)

2. 为了公共利益的需要。(第八条等)

3. 具有下列要件之一：(第八条等)
先行决定所依据的法律、法规、规章修改或者废止；
先行决定所依据的客观情况发生重大变化。

依照第八条规定，依职权变更或者撤回行政许可，给公民、法人或者其他组织造成财产损失的，行政机关应当依法给予补偿。

行政许可法直接授权本决定，因法律、法规、规章修改废止而变更撤回的，须结合行政许可法以外的法律、法规、规章规定的要件决定。

七、准予延续行政许可有效期构成要件（应当）

1. 存在合法有效的先行准予行政许可决定。(第五十条等)

2. 法律、法规、规章允许延续该先行决定的有效期，或者未作规定。(第五十条等)

3. 先行决定的被许可人在先行决定有效期届满三十日前提出延续有效期的申请。法律、法规、规章另有规定的，依照其规定。(第五十条等)

4. 向作出先行决定的行政机关提出。(第五十条等)

5. 符合先行决定构成要件。(第五十条等)

6. 在先行决定有效期届满前作出决定。(第五十条等)

依照第五十条规定，在行政许可有效期届满前未作决定的，视为准予延续。

准予延续行政许可，在实质上是一个新的准予许可决定，从有利于相对人和执法绩效角度，在其他许可构成要件不变情况下，仅延长有效期要件。但是，在审查准予延续行政许可申请时，仍需按照先行决定要件进行审查，不构成许可的，不予延续。

行政许可法直接授权本决定，但须结合行政许可法以外的法律、法规、规章规定的要件决定。

八、撤销行政许可要件（可以；应当）

（一）构成要件

1. 存在先行准予行政许可决定。(第六十九条等)

2. 由作出先行决定的行政机关，或者其上级行政机关行使撤销职权。(第六十九条等)

3. 依利害关系人的请求撤销，或者依职权自行撤销，责令撤销、直接撤销等。(第六十九条等)

4. 具有下列要件之一：(第六十九条等)

行政机关工作人员滥用职权、玩忽职守作出准予行政许可决定的；(可以)

超越法定职权作出准予行政许可决定的；(应当)

违反法定程序作出准予行政许可决定的；(可以)

对不具备申请资格或者不符合法定条件的申请人准予行政许可的；(应当)

被许可人以欺骗、贿赂等不正当手段取得行政许可的；(应当)

依法可以撤销行政许可的其他情形。

(二) 法律特别规定的阻却要件。

依上述要件撤销行政许可，可能对公共利益造成重大损害的，不予撤销。(第六十九条等)

依照第六十九条规定，因行政机关及其工作人员的许可行为而撤销行政许可，被许可人的合法权益受到损害的，行政机关应当依法给予赔偿。因被许可人以欺骗、贿赂等不正当手段取得行政许可而被撤销，被许可人基于行政许可取得的利益不受保护。

行政许可法直接授权本决定。

九、注销行政许可构成要件 (应当)

1. 存在先行准予行政许可决定。(第七十条等)

2. 具有下列要件之一：(第七十条等)

行政许可有效期届满未延续的；

赋予公民特定资格的行政许可，该公民死亡或者丧失行为能力的；

法人或者其他组织依法终止的；

行政许可依法被撤销、撤回，或者行政许可证件依法被吊销的；

因不可抗力导致行政许可事项无法实施的；

法律、法规规定的应当注销行政许可的其他情形。

依照第七十条规定，注销行政许可的，应当依法办理注销手续。

行政许可法直接授权本决定。

十、行政许可法规定的行政检查（监督检查）构成要件（应当）

1. 构成行政检查。（第六十一条等，有关要件参见上述行政处罚法规定的予以行政检查构成要件）

2. 对被许可的活动实行检查。（第六十一条等）

3. 将监督检查的情况和处理结果予以记录，由监督检查人员签字后归档。（第六十一条等）

4. 检查（核查）方式。（第六十二条）

抽样检查（可选要件）。行政机关可以对被许可人生产经营的产品依法进行抽样检查、检验、检测。

实地检查（可选要件）。行政机关可以对被许可人生产经营场所依法进行实地检查。

定期检验（可选要件）。行政机关根据法律、行政法规的规定，对直接关系公共安全、人身健康、生命财产安全的重要设备、设施进行定期检验。对检验合格的，行政机关应当发给相应的证明文件。

材料查阅（可选要件）。检查时，行政机关可以依法查阅或者要求被许可人报送有关材料。被许可人应当如实提供有关情况和材料。（第六十二条等）

依照第六十一条规定，公众有权查阅行政机关监督检查记录；行政机关应当创造条件，实现与被许可人、其他有关行政机关的计算机档案系统互联，核查被许可人从事行政许可事项活动情况。

依照第六十三条规定，行政机关实施监督检查，不得妨碍被许可人正常的生产经营活动，不得索取或者收受被许可人的财物，不得谋取其他利益。

行政许可法直接授权本决定，但须结合行政许可法以外的法律、法规、规章规定的要件决定。

许可审查过程中的核实核查亦属行政检查，可参考本要件，结合有关规定（第三十四条、第五十六条等）分析要件。

十一、行政许可法规定的责令（限期）改正行政命令构成要件（应当）

1. 构成行政命令。（第六十七条、第六十八条等）

2. 行为主体：取得直接关系公共利益的特定行业的市场准入行政许可的被许可人；取得直接关系公共安全、人身健康、生命财产安全的重要设备、设施设计、建造、安装和使用行政许可的单位被许可人。（第六十七条、第六十八条等）

3. 实行行为、行为对象、行为结果、因果关系具有下列要件之一：

取得直接关系公共利益的特定行业的市场准入行政许可的被许可人，未按照国家规定的服务标准、资费标准和行政机关依法规定的条件，向用户提供安全、方便、稳定和价格合理的

服务的；（第六十七条等）

取得直接关系公共利益的特定行业的市场准入行政许可的被许可人，未按照国家规定的服务标准、资费标准和行政机关依法规定的条件，履行普遍服务的义务的；（第六十七条等）

取得直接关系公共利益的特定行业的市场准入行政许可的被许可人，未经作出行政许可决定的行政机关批准，擅自停业、歇业的；（第六十七条等）

经许可的直接关系公共安全、人身健康、生命财产安全的重要设备、设施存在安全隐患的。（第六十八条等）

4. 决定内容：责令限期改正；责令设计、建造、安装和使用单位立即改正。（第六十七条、第六十八条等）

5. 抄告决定。将责令改正的事实根据和决定内容抄告作出准予行政许可的行政机关。（第六十四条等）

依照第六十七条规定，取得直接关系公共利益的特定行业的市场准入行政许可的被许可人，应当按照国家规定的服务标准、资费标准和行政机关依法规定的条件，向用户提供安全、方便、稳定和价格合理的服务，并履行普遍服务的义务；未经作出行政许可决定的行政机关批准，不得擅自停业、歇业。被许可人不履行上述义务的，行政机关可以依法采取有效措施督促其履行义务，而不予责令限期改正。

依照第六十四条规定，被许可人在作出行政许可决定的行政机关管辖区域外违法从事行政许可事项活动的，违法行为发生地的行政机关应当依法将被许可人的违法事实、处理结果抄告作出行政许可决定的行政机关。对本条规定宜作扩张解释，即只要许可组织与对违法行为处理的组织不是同一个执法组织，对违法行为处理的组织应将被许可人的违法事实、处理结果抄告许可组织，不限于不同管辖区域。因为这里面不仅是一个地域管辖问题，还有事项管辖不同等问题。被许可人违法从事被许可活动，可以导致行政命令、行政强制、行政处罚等，均须抄告，这点需要注意。本条规定的是一个"行行衔接"问题，也是"放管服"等改革中的问题，是重要执法实务问题，本条不理解到位或者不落实好，会衍生很多问题。

依照第六十五条规定，个人和组织发现违法从事行政许可事项的活动，有权向行政机关举报，行政机关应当及时核实、处理。举报，是对被许可活动违法行为查处的重要案源，无论是行政命令、行政强制，还是行政处罚等案件中都是如此。依本条规定，对违法从事行政许可事项的活动举报，执法组织须"有案必查"。

行政许可法直接授权本决定。

仅从第六十八条规定的责令停止建造、安装和使用来看，属行政处罚（责令停产停业），结合行政处罚要件，参考本要件分析。责令停止建造、安装和使用，在综合分析行政许可法以外的法律、法规规定的要件，存在执法组织暂时性控制要件，而非单纯要求当事人停止建造、安装和使用时，属行政强制措施。

十二、行政许可法规定的警告行政处罚构成要件（应当）

1. 构成行政处罚。（第七十八条等，有关要件参见上述实行简易程序的当场给予行政处罚要件，实行普通程序的给予行政

处罚要件，并相对人角度给予行政处罚要件）

2. 处罚主体为行政许可执法组织。（第七十八条等）

3. 行为时间：申请时。（第七十八条等）

4. 行为主体：行政许可申请人。（第七十八条等）

5. 实行行为：隐瞒与申请的许可事项有关的情况，或者提供虚假材料申请许可。隐瞒情况与虚假材料必须与申请许可事项的法定条件、标准相关。（第七十八条等）

6. 申请的事项属依法需要许可的事项。（第三十二条、第七十八条等）

7. 申请的事项属本执法组织管辖。（第三十二条、第七十八条等）

可以实行行政处罚普通程序给予警告，以实行行政处罚简易程序给予警告为宜。

行政许可法直接授权本决定，但须结合行政处罚法规定的要件决定。

第二题　行政许可流程

一、行政许可流程示例

```
                            案件来源
                              │
              ┌───────────────┴───────────────┐
           当面申请                          非当面申请
              │                               │
              └───────────────┬───────────────┘
                              │
                            申请处理
                              │
  ┌──────────┬──────────┬─────┴──────┬─────────────┬──────────────┐
申请事项不  申请事项属  申请材料可   申请材料不      有管辖权，申
属许可事项  许可事项，  当场更正     齐全或不符      请材料齐全，
   │        但不属本机     │        合法定形式      符合法定形式
当即告知不  关管辖     告知可以当       │               │
受理        告知不管辖 场更正       当场或五日
                                   内一次告知
                                   需补正的全
                                   部内容
                          │                   │
                    不更正、补正坚持申请   已更正、补正再次申请
                          │                   │
                    当即不予受理         符合受理要件受理
                    制作不予受理书面凭证
                          │
                    行政执法组织负责人审批
                    认为应当受理，写明明确理
                    由，转入受理程序
                          │
                        交付送达
```

认为应当不受理或不予受理，写明　　批准受理、确定审查人（回避）
明确理由，转入不予受理程序或告　　　　　　│
知申请人不受理　　　　　　　　　　审查人按程序制作并交付送达

第七节 行政许可要件、流程、文书

受理书面凭证
|
审查人审查

| 依法、裁量书面审查 | 依法检验、检测检疫 | 依法、裁量实地核查 | 依法、裁量听证 | 依法招标拍卖等 | 依法考试考核 |

符合要件当场决定
不予许可的,审查人按程序制作不予许可决定书并交付,准予许可的,按程序制作准予许可决定书和(或)许可证件标识,并交付和(或)标示

期限内决定

审查结果 存在准予许可阻却要件	审查结果 符合准予许可构成要件
审查过程中,或者审查终结,通过证据、推理、认知等方法证明,案件事实存在任一许可阻却要件,含存在相对人、执法组织两个方面的任一阻却要件。审查人填写案件审核表,根据执法依据和事实根据,写明不予许可或其他处理意见等,附案卷送审	审查终结,通过证据、推理、认知等方法证明,案件事实符合全部构成要件,含符合相对人、执法组织两个方面的全部构成要件。审查人填写案件审核表,根据执法依据和事实根据,写明准予许可具体意见等,附案卷送审

审核人审核(重大许可决定法制审核人员审核)
重大许可决定法制审核人员审核要件,依行政执法"三项制度"规定,在重大许可案件中不可省略

| 要件确定准确,并在案件中依法落实 | 要件确定不准确,或未在案件中依法落实 |

```
出具审核通过意见后退回          出具补充审查意见后退回
                              │
                              补充审查后再审核,仍不
                              符合要求的,按规定处理
```

审查人填写案件决定审批表
│
行政执法组织负责人根据审查结果、
审核结果审批
│
审查人按程序制作准予许可决定书、
许可证件标识,不予许可决定书
│
审查人交付送达决定书、标示
│
结案
整理归档笔录、记录、文书、证据等,形成案卷

二、行政许可听证流程示例

适用程序：期限内决定。

适用条件：法律、法规、规章规定实施行政许可应当听证的事项；行政机关认为需要听证的其他涉及公共利益的重大行政许可事项；申请人、利害关系人在被告知听证权利后依法提出听证申请的事项。

法律授权：行政许可法第四章第四节等。

听证准备

| 确定本执法组织非审查本案的、与本案无直接利害关系的、具有执法 | 举行听证七日前,向申请人、利害关系人送达听证通知书,告知听证时间、地点。书面征 | 举行听证七日前,制发听证公告,写明案名案由、听证 |

资格的人员为主持人，确定时间、地点等事宜 | 询申请人、利害关系人是否申请主持人回避的意见，申请回避的，依法办理 | 意思、时间、地点，申请旁听程序等。准备其他物质要件

听证实施

实施程序为：
1. 由具有执法资格的听证主持人、案件审查人员、申请人、利害关系人参加听证（其他听证参加人依法确定），根据听证需要，可以通知鉴定人、证人等参与听证。可以有旁听人。按照规定拍照、录音、录像（申请人陈述、证人证言）。
2. 由听证主持人宣布听证开始。同时，开始制作听证笔录。
3. 由听证主持人主持核对听证参加人、参与人身份。同时，询问申请人、利害关系人是否申请听证主持人回避。申请人、利害关系人无正当理由拒不出席听证的，视为放弃听证权利，由听证主持人在笔录中予以注明，并宣布终止听证。（依申请听证）
4. 由听证主持人宣读听证依据、听证事由、听证纪律，说明听证程序、听证笔录的法律效力。
5. 案件审查人员提供审查意见，以及其证据、理由。
6. 申请人、利害关系人可以提出证据，并进行申辩和质证（申请人陈述）。申请人、利害关系人未经许可中途退出听证的，视为放弃听证权利，由听证主持人在笔录中予以注明，并宣布终止听证。（依申请听证）
7. 由听证主持人宣布听证结束。
8. 听证笔录交听证参加人确认无误后签字或者盖章。拒绝签字或盖章的，由听证主持人在笔录中予以注明。

听证完结
将听证笔录等相关资料附卷归档

第三题　行政许可文书

一、行政许可事项内部审批表格式文书式样示例

_____审批表

编号：_____

申请人	姓名名称		法定代表人负责人姓名	
	出生年月		联系方式	
	单位			
	身份证号码及统一社会信用代码			
案　由			案号	
事　项	□受理　□不予受理　□准予许可　□不予许可……			
依据根据证据理由	承办人： 年　　月　　日			
部门审查意见	负责人： 年　　月　　日			
法制审核意见	负责人： 年　　月　　日			
行政执法组织意见	负责人： 年　　月　　日			

说明：

本格式文书式样示例适用于所有行政许可事项的内部审批格式文书式样制作，有些许可事项非常复杂，依法添加要素。其他问题参考有关要件及行政处罚事项内部审批表格式文书式样示例有关说明。

二、行政许可案件听证笔录格式文书式样示例

许可听证与处罚听证，因为都是听证，有相同之处，因为一个是许可，另一个是处罚，有不同之处。要件、程序、文书上均如此。大部分的相同点、不同点易于区分，不赘述。有关问题可以参考行政处罚案件听证笔录格式文书式样示例中所提。在有些许可案件中，是否准予许可，并非单纯地依靠是否符合法定条件、标准，还依赖听证结果，此时申请人、利害关系人需对是否准予许可，表明明确意见，这是要注意的。

行政许可案件听证笔录

案由：申请＿＿＿＿＿＿ 许可 □法定□裁量□申请听证

时间：＿＿年＿月＿日＿时＿分至＿＿年＿月＿日＿时＿分

地点：＿＿＿＿＿＿＿＿＿＿＿＿

申请人姓名名称：＿＿＿＿＿法定代表人（负责人）姓名：＿＿＿＿

性别：＿＿民族：＿＿身份证号码及统一社会信用代码：＿＿＿＿

工作单位：＿＿＿＿＿＿＿＿＿＿职务或职业：＿＿＿＿＿＿

住址：＿＿＿＿＿＿＿＿＿＿＿电话：＿＿＿＿＿＿＿＿

利害关系人姓名名称：＿＿＿＿＿法定代表人（负责人）姓名：＿＿＿

性别：＿＿民族：＿＿身份证号码及统一社会信用代码：＿＿＿＿

工作单位：＿＿＿＿＿＿＿＿＿＿职务或职业：＿＿＿＿＿＿

住址：＿＿＿＿＿＿＿＿＿＿＿电话：＿＿＿＿＿＿＿＿

审查人员姓名：＿＿＿＿＿、＿＿＿＿＿执法证号码：＿＿＿＿＿、＿＿＿＿＿

听证主持人员、听证员姓名：＿＿＿＿＿＿＿＿＿、＿＿＿＿＿＿

执法证号码：_____、_____

听证记录人员姓名：_____执法证号码：_____

听证参与人员姓名：_____与听证案件关系：_____

主持人说：现在开始听证。根据本机关____许听通字〔_____〕第____号通知书确定的听证时间，现在开始_____（申请人姓名名称+申请+事项）许可案听证。参加今天听证的有_____（所有参加、参与听证的人员身份、姓名，有旁听人的，概括介绍旁听人员）。首先核对身份。我是本次听证的主持人_____（姓名），现为_____（单位、职务），这_____位是本次听证听证员_____（姓名），现为本机关_____（单位、职务），协助我主持本次听证。这_____位是本次听证记录员_____（姓名），现为本机关_____（单位、职务）。这是我们____位的执法证件原件，证件图片和单位职务证明，请案件申请人、利害关系人、听证参与人传递查看。查看后，你们如果对我们____位人员作为本次听证主持人、听证员、记录员身份，以及执法证件原件，证件图片和单位职务证明有异议，可以提出。案件申请人、案件利害关系人有权依法有理由的申请听证主持人、听证员回避。

记录人：听证主持人将执法证件原件、证件图片和单位职务证明交给案件申请人。案件申请人、案件利害关系人、听证参与人传递查看听证主持人、听证员、听证记录人员执法证件原件、证件图片和单位职务证明。查看完毕。

主持人说：你们是否有异议，或者申请回避？请案件申请人、案件利害关系人先回答。请开始。

申请人答：＿＿＿＿（是否异议，是否申请回避及申请理由）

利害关系人答：＿＿＿（是否异议，是否申请回避及申请理由）

主持人说：请听证参与人回答。

参与人答：＿＿＿＿＿＿＿＿＿＿（是否异议）＿＿＿＿＿

主持人说：案件申请人、案件利害关系人、听证参与人对听证主持人、听证员、听证记录人员身份和身份证明材料没有异议，案件申请人、案件利害关系人不申请回避，请记录在案。请将执法证件原件、证件图片和单位职务证明交给听证员＿＿＿＿＿（姓名）。请听证员＿＿＿＿＿（姓名）将证件图片、单位职务证明，以及本次听证会案件审查人、申请人、利害关系人等听证参加人、参与人提交的材料予以留存，听证结束后附于听证笔录之后。

主持人说：现在请案件申请人、案件利害关系人说明身份，向听证员＿＿＿＿＿（姓名）提交身份证明材料。请听证员＿＿＿＿＿（姓名）核对身份材料，并说明核对结果。请开始回答。

申请人答：＿＿＿＿＿＿＿＿＿＿＿＿＿＿＿＿＿＿＿＿＿

利害关系人答：＿＿＿＿＿＿＿＿＿＿＿＿＿＿＿＿＿＿＿

主持人说：请提交身份证明材料。

记录人：案件申请人、案件利害关系人将身份证明材料交给听证员＿＿＿＿＿（姓名），听证员＿＿＿＿＿（姓名）核对身份材料。核对完毕。

主持人说：请听证员＿＿＿＿＿（姓名）说明核对结果。

听证员答：＿＿＿＿＿（申请人、利害关系人身份、身份证明材料是否符合要求）

主持人说：案件申请人、案件利害关系人身份及身份证明材料经核对符合要求，请记录在案。请案件审查人员说明身份，向听证员＿＿＿＿（姓名）提交身份证明材料。请案件申请人、案件利害关系人查看案件审查人员身份证明材料，你们如果对这＿＿个人员是听证案件审查人员有异议，可以提出。请审查人员开始回答。

审查人员×××（姓名）答：＿＿＿＿＿＿＿＿＿＿＿＿＿＿＿＿

审查人员×××（姓名）答：＿＿＿＿＿＿＿＿＿＿＿＿＿＿＿

主持人说：请提交身份证明材料。

记录人：案件审查人员将身份证明材料交给听证员＿＿＿（姓名）。

主持人说：请将身份证明材料交给案件申请人、案件利害关系人查看。

记录人：听证员＿＿＿＿＿＿（姓名）将身份证明材料交给案件申请人、案件利害关系人。案件申请人、案件利害关系人查看案件审查人员身份证明材料。查看完毕。案件申请人、案件利害关系人将身份证明材料交还听证员＿＿＿＿＿＿（姓名）。

主持人说：案件申请人、案件利害关系人是否对案件审查人员有异议？请开始回答。

申请人答：＿＿＿＿＿＿＿＿＿＿＿＿＿＿＿＿＿＿＿＿＿＿

利害关系人答：＿＿＿＿＿＿＿＿＿＿＿＿＿＿＿＿＿＿＿

主持人说：案件申请人、案件利害关系人对听证案件审查人员身份及其身份证明材料没有异议，请记录在案。请听证参与人说明身份，向听证员＿＿＿＿＿＿（姓名）提交身份证明材料。请听证员＿＿＿＿＿（姓名）核对身份材料。请开始回答。

听证参与人答：＿＿＿＿＿＿＿＿＿＿＿＿＿＿＿＿＿＿＿

主持人说：请提交身份证明材料。

记录人：听证参与人将身份证明材料交给听证员_____（姓名），听证员_____（姓名）核对身份材料。核对完毕。

主持人说：请听证员_____（姓名）说明核对结果。

听证员答：(听证参与人身份、身份证明材料是否符合要求)

主持人说：听证参与人身份及身份证明材料经核对符合要求，请记录在案。本次听证核对身份完毕。

现在宣读听证依据、听证事由、听证纪律，说明听证程序、听证笔录的法律效力。

_____

_____

首先，由案件审查人员提出审查意见，以及其证据、理由。请开始。

审查人员×××（姓名）说：_____

审查人员×××（姓名）说：_____

主持人说：下面由案件申请人、案件利害关系人进行申辩和质证，有新证据向本次听证提出的，请当场提出，并说明证据所证明的对象。请开始。

申请人说：_____

利害关系人说：_____

……

主持人说：下面由听证参与人就案件申请人、案件利害关系人提出的相关问题作说明。请开始。

参与人说：_____

主持人说：_____

……

主持人说：案件审查人员、申请人，利害关系人，听证参与人，对本听证案件是否还有补充发言？请按顺序逐一发言。请开始。

审查人员×××（姓名）答：_____（没有了）

审查人员×××（姓名）答：_____（没有了）

申请人答：_____（没有了）

利害关系人答：_____（没有了）

参与人答：_____（没有了）

主持人说：案件审查人员、申请人、利害关系人，听证参与人，对本听证案件没有补充发言，请记录在案。请各位听证参加人、参与人听证结束后留下核对笔录，核对无误后，请签字或盖章。

主持人说：我宣布，本次听证结束。旁听人员请有序离场。

记录人：听证主持人、听证员，听证参加人、参与人核对笔录。核对完毕。

案件申请人对笔录的意见：（经核对，记录准确无误）_____

案件申请人签名或盖章：_____ 年 月 日

案件利害关系人对笔录的意见：（经核对，记录准确无误）

案件利害关系人签名或盖章：_____ 年 月 日

听证参与人对笔录的意见：（经核对，记录准确无误）

听证参与人签名或盖章：_____ 年 月 日

听证主持人签名或盖章：_____ 年 月 日

听证员签名或盖章：_____ 记录员签名或盖章：_____ 年 月 日

说明：

本格式文书式样示例主要适用于行政许可案件依申请听证笔录格式文书式样制作，法定、裁量听证笔录格式文书式样可在此基础上修改。其他问题参考有关要件及行政处罚案件听证笔录格式文书式样示例中的说明，尤其是"10"。

三、行政许可申请不受理告知书格式文书式样示例

行政许可申请不受理告知书

　　　许受告字〔　　〕第　号

　　　　（申请人姓名名称）：

你（单位）＿＿＿年＿＿月＿＿日向本机关提出的＿＿＿＿＿＿＿＿＿＿许可申请，经审查，申请事项依法不需要取得行政许可。依据《中华人民共和国行政许可法》第三十二条第一款第（一）项的规定，本机关决定不受理。

　　　　　　　　　（行政许可申请受理主体名称及印章）

　　　　　　　　　　　　　　　年　月　日

联系人：＿＿＿＿＿＿＿　联系电话：＿＿＿＿＿＿＿＿

本文书一式＿＿份，＿＿份交付送达，＿＿份归档，＿＿＿＿。

说明：

本格式文书式样示例适用于行政许可申请不受理告知书格式文书式样制作，亦可制成不受理告知单形式，只要具备执法依据规定的文书要素即可。其他问题参考有关要件及行政处罚文书中的有关说明。

行政许可法第七十二条规定了"在受理、审查、决定行政许可过程中，未向申请人、利害关系人履行法定告知义务的"法律责任，且当申请人、

利害关系人主张执法组织未履行法定告知义务时，举证责任和证明责任在执法组织，因此在办理许可案件过程中，履行法定告知、通知义务宜全部采用书面形式。

四、行政许可申请受理通知书格式文书式样示例

行政许可申请受理通知书

_____许受通字〔　　〕第　号

_____（申请人姓名名称）：

你（单位）_____年___月___日向本机关提出的_____许可申请，经审查，符合受理条件。依据《中华人民共和国行政许可法》第三十二条第一款第（五）项的规定，本机关决定予以受理。

/依据《_____》第_____的规定，办理本许可事项需要/听证/招标/拍卖/检验/检测/检疫/鉴定/专家评审，所需时间为_____工作日。

_____（行政许可申请受理主体名称及印章）

　　　年　月　日

联系人：_____联系电话：_____

本文书一式___份，___份交付送达，___份归档，_____。

说明：

本格式文书式样示例适用于行政许可申请受理通知书格式文书式样制作。受理书面凭证亦可制成受理单形式，只要具备执法依据规定的文书要素即可。依照第四十五条规定，须告知申请人听证、招标、拍卖、检验、检

测、检疫、鉴定和专家评审时间，可在受理通知时一并告知。其他问题参考有关要件及行政处罚文书中的有关说明。

五、行政许可申请不予受理通知书格式文书式样示例

行政许可申请不予受理通知书

____许受通字〔   〕第   号

_____（申请人姓名名称）：

你（单位）____年____月____日向本机关提出的_____许可申请，因申请材料不齐全/不符合法定形式/你（单位）未按照要求提交全部补正申请材料/不属于本机关职权范围，不符合《中华人民共和国行政许可法》第三十二条第一款第（五）项规定的受理条件，本机关决定不予受理。/你（单位）可以依法向_____提出行政许可申请。

_____（行政许可申请受理主体名称及印章）

年   月   日

联系人：_____   联系电话：_____

本文书一式____份，____份交付送达，____份归档，_____。

说明：

本格式文书式样示例适用于行政许可申请不予受理通知书格式文书式样制作。不予受理书面凭证亦可制成受理单形式，只要具备执法依据规定的文书要素即可。因不属于本机关职权范围而不予受理的，写明"你（单位）可以依法向_____提出行政许可申请。"其他问题参考有关要件及行政处罚文书中的有关说明。

六、行政许可申请材料补正告知书格式文书式样示例

行政许可申请材料补正告知书

_____许受告字〔   〕第   号

_____（申请人姓名名称）：

你（单位）_____年____月____日向本机关提出的_____许可申请，申请材料不齐全/、/不符合法定形式，请按照下列要求予以补正：

1. _____
2. _____
3. _____
……

_____（行政许可申请受理主体名称及印章）

年 月 日

联系人：_____联系电话：_____

本文书一式____份，____份交付送达，____份归档，_____。

说明：

本格式文书式样示例适用于行政许可申请材料补正告知书格式文书式样制作。其他问题参考有关要件及行政处罚文书中的有关说明。

七、延长行政许可决定期限通知书格式文书式样示例

延长行政许可决定期限通知书

_____许延通字〔　　〕第　号

_____（申请人姓名名称）：

因_____，依据《中华人民共和国行政许可法》第四十二条第___款/《_____》第_____的规定，本机关决定将____许受通字〔　　〕第　号《行政许可申请受理通知书》/_____（编号）受理单载明受理的行政许可申请决定期限延长至_____年___月___日。

_____（行政许可决定主体名称及印章）

年　月　日

联系人：_____　联系电话：_____

本文书一式___份，___份交付送达，___份归档，_____。

说明：

本格式文书式样示例适用于延长行政许可决定期限通知书格式文书式样制作。依据第四十二条第二款延长的，不填写"/《_____》第_____"。依据第四十二条第一款延长，但法律、法规另有规定的，在"/《_____》第_____"中填写该法律、法规名称和条款项目，去掉"《中华人民共和国行政许可法》第四十二条第___款"表述。其他问题参考有关要件及行政处罚文书中的有关说明。

八、行政许可重大利益听证告知书格式文书式样示例（对利害关系人）

行政许可重大利益听证告知书

_____许利告字 [   ] 第   号

_____（利害关系人姓名名称）：

本机关___年__月__日受理的_____（申请人姓名名称+事项名称）许可申请，经审查，申请的许可事项直接关系你（单位）的重大利益。依据《中华人民共和国行政许可法》第三十六条、第四十七条第一款的规定，本机关现向你（单位）告知，你（单位）有权就该申请的许可事项陈述、申辩，有权要求听证。

你（单位）自收到本告知书之日起五日内，可以向本机关提出陈述、申辩的意见，提出听证要求，逾期未提出的，视为放弃上述权利。

_____（行政许可审查主体名称及印章）

年　月　日

联系人：_____　联系电话：_____

本文书一式___份，___份交付送达，___份归档，_____。

说明：

本格式文书式样示例适用于对利害关系人行政许可重大利益听证告知书格式文书式样制作，包括重大利益告知，陈述申辩权告知，要求听证权告知。其他问题参考有关要件及给予行政处罚告知书（含听证告知）格式文书式样示例中的有关说明。

九、行政许可陈述申辩听证告知书格式文书式样示例（对申请人）

行政许可陈述申辩听证告知书

____许利告字 [　　] 第　号

_____（申请人姓名名称）：

本机关__年_月_日受理的你（单位）_____许可申请，经审查，申请的许可事项直接关系（利害关系人姓名名称）的重大利益。依据《中华人民共和国行政许可法》第三十六条、第四十七条第一款的规定，你（单位）有权陈述、申辩，有权要求听证。

你（单位）自收到本告知书之日起五日内，可以向本机关提出陈述、申辩的意见，提出听证要求，逾期未提出的，视为放弃上述权利。

_____（行政许可审查主体名称及印章）

年　月　日

联系人：_____ 联系电话：_____

本文书一式____份，____份交付送达，____份归档，_____。

说明：

本格式文书式样示例适用于对申请人行政许可陈述申辩听证告知书格式文书式样制作。其他问题参考有关要件及给予行政处罚告知书（含听证告知）格式文书式样示例中的有关说明。

行政许可听证通知书，以及其他行政许可通知书格式文书式样，可参考行政处罚、行政检查事项通知书格式文书式样示例制作，不再赘述。

十、准予行政许可决定书格式文书式样示例

准予行政许可决定书

____许决字［　　］第　号

_____（申请人姓名名称）：

本机关/____ ____年____月____日受理的你（单位）____ _____许可申请，经审查/和听证/招标/拍卖/考试/考核/检验/检测/检疫/核查，符合《_____》第_____规定的准予行政许可条件/、/标准。依据《中华人民共和国行政许可法》第三十八条第一款，《_____》第_____的规定，本机关决定准予你（单位）_____ _____，有效期为____年____月____日至____年____月____日，地域范围为_____。

在被许可期间，你（单位）应当：

1. 依照《中华人民共和国行政许可法》第六十一条、第六十二的规定，接受并配合执法机关依法进行的监督检查。

2. 依照《_____》第_____的规定，_____。

3. 依照《_____》第_____的规定，_____。

……

其他事项：

1. _____

2. _____

3. _____
　……

依据《中华人民共和国行政许可法》第四十条的规定，本决定依法公开。

　　　　　　　　　_____（行政许可决定主体名称及印章）
　　　　　　　　　　　　　　　　　　年　　月　　日

联系人：_____　联系电话：_____

本文书一式____份，____份交付送达，____份归档，_____。

说明：

本格式文书式样示例适用于准予行政许可决定书格式文书式样制作。本机关后的"/____"，适用于有初审、受理与决定执法组织分离的情况，填写受理许可申请的执法组织的名称，同时去掉"本机关"三个字。准予行政许可，以制发准予行政许可决定书为原则，以单独制发许可证件、标识为例外（法律、法规、规章明确规定），单独制发许可证件、标识的，应当具备执法依据规定的文书要素。其他问题参考有关要件及行政处罚文书中的有关说明。

十一、不予行政许可决定书格式文书式样示例

不予行政许可决定书

____许决字〔　　〕第　　号

_____（申请人姓名名称）：

本机关/____　____年____月____日受理的你（单位）_____许可申请，经审查/和听证/招标/拍卖/考试/考

核/检验/检测/检疫/核查，不符合《＿＿＿＿＿＿＿＿＿》第＿＿＿＿＿规定的＿＿＿＿＿＿条件/、标准。依据《中华人民共和国行政许可法》第三十八条第二款,《＿＿＿＿＿＿＿》第＿＿＿＿＿的规定，本机关决定不予行政许可。

你（单位）如不服本不予许可决定，可以自收到本决定书之日起＿＿内向＿＿＿申请行政复议，也可以＿＿＿内向＿＿＿＿＿人民法院提起行政诉讼。/可以自收到本决定书之日起＿＿内，依据《＿＿＿＿＿＿＿》第＿＿＿＿＿的规定，先向＿＿＿＿＿＿申请行政复议，对复议决定不服的，再依法向人民法院提起行政诉讼。/可以自收到本决定书之日起＿＿内，依据《中华人民共和国行政复议法》第十四条的规定，向本机关申请行政复议，或者＿＿内向人民法院提起行政诉讼。

＿＿＿＿（行政许可决定主体名称及印章）

年　月　日

联系人：＿＿＿＿＿＿＿＿＿＿　联系电话：＿＿＿＿＿＿＿＿＿＿

本文书一式＿＿份，＿＿份交付送达，＿＿份归档，＿＿＿＿＿。

说明：

本格式文书式样示例适用于不予行政许可决定书格式文书式样制作。本机关后的"/＿＿＿"，适用于有初审、受理与决定执法组织分离的情况，填写受理许可申请的执法组织的名称，同时去掉"本机关"三个字。其他问题参考有关要件及行政处罚文书中的有关说明。

十二、准予、不予延续行政许可有效期决定书格式文书式样示例

准予/不予延续行政许可有效期决定书

____许决字 [   ] 第   号

_____（被许可人姓名名称）：

你（单位）_____年__月__日向本机关提出延续____许决字 [   ] 第   号《准予行政许可决定书》/（许可证件、标识编号+名称）确定的许可有效期申请，经审查，符合法定条件、标准，/不符合《_____》第_____的规定。本机关决定将上述决定书/许可证件（名称）/标识（名称）确定的许可有效期延续至____年____月____日。/依据《_____》第_____的规定，本机关决定不予延续行政许可有效期。

其他事项：

1._____

2._____

3._____

……

_____（先行行政许可决定主体名称及印章）

年 月 日

联系人：_____ 联系电话：_____

本文书一式____份，____份交付送达，____份归档，_____。

说明：

本格式文书式样示例适用于准予、不予延续行政许可有效期决定书格式文书式样制作。其他问题参考有关要件及行政处罚文书中的有关说明。

十三、撤销行政许可决定书格式文书式样示例

撤销行政许可决定书

_____许决字〔　　〕第　号

_____（被许可人姓名名称）：

本机关/___ _____年___月___日向你（单位）交付/送达《准予行政许可决定书》（____许决字〔　　〕第　号）/（许可证件、标识编号+名称），决定准予你（单位）_____。因决定存在_____情况，依据《中华人民共和国行政许可法》第六十九条第_____/，《_____》第_____的规定，本机关决定撤销上述准予行政许可决定。

其他事项：

1. _____
2. _____
3. _____
……

_____（行政许可决定撤销主体名称及印章）

年　月　日

联系人：_____ 联系电话：_____

本文书一式____份，____份交付送达，____份归档，_____。

说明：

本格式文书式样示例适用于撤销行政许可决定书格式文书式样制作。本机关后的"/____"，适用于上级执法组织撤销下级执法组织准予许可决定情况，填写作出被撤销的许可决定的下级执法组织的名称，同时去掉"本机关"三个字。其他问题参考有关要件及行政处罚文书中的有关说明。

十四、依职权变更、撤回行政许可决定书格式文书式样示例

变更/撤回行政许可决定书

____许决字 [   ] 第　号

_____（被许可人姓名名称）：

本机关____年____月____日向你（单位）交付/送达《准予行政许可决定书》（____许决字 [   ] 第　号）/(许可证件、标识编号+名称)，决定准予你（单位）_____。因_____，为了公共利益的需要，依据《中华人民共和国行政许可法》第八条第二款的规定，本机关决定将上述决定书/许可证件（名称）/标识（名称）确定的_____变更为_____。/撤回上述准予行政许可决定。

其他事项：

1. _____
2. _____

3._____

······

_____（先行行政许可决定主体名称及印章）

年　月　日

联系人：_____联系电话：_____

本文书一式____份，____份交付送达，____份归档，_____。

说明：

本格式文书式样示例适用于依职权变更、撤回行政许可决定书格式文书式样制作。其他问题参考有关要件及行政处罚文书中的有关说明。

图书在版编目（CIP）数据

行政执法办案实务：要件、流程与文书／夏云峰著. —北京：中国法制出版社，2022.5
ISBN 978-7-5216-2672-8

Ⅰ.①行… Ⅱ.①夏… Ⅲ.①行政执法-基本知识-中国 Ⅳ.①D922.11

中国版本图书馆 CIP 数据核字（2022）第 073228 号

策划编辑　谢　雯（xiewen629@163.com）
责任编辑　黄会丽　　　　　　　　　　　　　　　封面设计　杨泽江

行政执法办案实务：要件、流程与文书
XINGZHENG ZHIFA BANAN SHIWU：YAOJIAN、LIUCHENG YU WENSHU

著者/夏云峰
经销/新华书店
印刷/三河市紫恒印装有限公司
开本/880 毫米×1230 毫米　32 开　　　　印张/ 8.5　字数/ 160 千
版次/2022 年 5 月第 1 版　　　　　　　　2022 年 5 月第 1 次印刷

中国法制出版社出版
书号 ISBN 978-7-5216-2672-8　　　　　　　　　　　定价：40.00 元

北京市西城区西便门西里甲 16 号西便门办公区
邮政编码：100053　　　　　　　　　　　　　　　传真：010-63141600
网址：http：//www.zgfzs.com　　　　　　　编辑部电话：010-63141785
市场营销部电话：010-63141612　　　　　　印务部电话：010-63141606

（如有印装质量问题，请与本社印务部联系。）